GIOVANNI AMOROSO
LUIGI LUCCI

GENITORI
INSEGNANTI
LEADER

Manuale Pratico Operativo Per Lo Sviluppo e Il Potenziamento Del Proprio Ruolo

Titolo

"GENITORI INSEGNANTI LEADER"

Autori

Giovanni Amoroso

Luigi Lucci

Editore

Bruno Editore

Sito internet

http://www.brunoeditore.it

Sommario

Prefazione
di N. Riva e L. Giovannini

Luigi e Giovanni aprono il secondo capitolo citando Karl Menninger: *"Ciò che l'insegnante è, è più importante di ciò che insegna"*. Ecco ciò che sono gli autori è più importante dell'insegnamento di questo libro. Nel senso che le metodologie, concetti e valori qui proposti sono così potenti e trasformativi proprio grazie all'essenza di Luigi e Giovanni.

Abbiamo il piacere e la fortuna di conoscere i due autori da tanti anni: prima come studenti e in seguito come amici, colleghi e membri di diverse meravigliose tribù dedite al miglioramento degli esseri umani che coordiniamo.

Giovanni e Luigi mettono in tutto quello che fanno una grande integrità, una continua ricerca e approfondimento, una genuina premura e amore per i loro studenti e per le persone con le quali interagiscono.

Sanno essere dolci, accoglienti e allo stesso tempo risoluti e motivanti, adattando, con rara forza, attualità e impatto, il loro stile di insegnamento per il maggior beneficio possibile per i loro studenti. Il loro è un messaggio di saggezza e innovazione, profondo, antico e declinato secondo le metodologie e gli approcci più all'avanguardia e moderni.

Profondo e antico perché si parla di amore e rispetto della persona con i riferimenti all'*Ubuntu* e ai valori ("chiavi") dell'armonia, del sostegno e dell'appartenenza. Moderno e all'avanguardia perché la PNL nelle sue evoluzioni più recenti, la Neuro-Semantica, il modello dei 4 colori della personalità e il modello del feedback efficace ottengono sempre più validazione anche da parte delle neuro-scienze.

Questo libro è particolarmente dedicato a genitori e insegnanti: le due figure cardine per creare una società alla quale le persone siano orgogliose di appartenere e un mondo, definito dai due autori: *"dove tutti amassero sé stessi così tanto da non sentirsi minacciati"* bensì accolti, amati e guidati a scoprire naturalmente le loro vere passioni.

Il modo di insegnare e conseguentemente di apprendere non ha bisogno di essere riformato ma di essere trasformato. E questo libro è una chiave importante per questa trasformazione.

Con amore,
Dr. Nicola Riva e Dr. Lucia Giovannini*

*Fondatori di LUCE® Libera Università di Crescita Evolutiva
Direttori dell'Istituto Italiano di Neuro-Semantica
Master Distributor 4Colors® Italia

Prefazione di A. Frausin

Viviamo in un periodo storico molto delicato, ricco di grandi opportunità...e di grandi rischi. A breve tutti ci renderemo conto dell'enorme impatto che hanno e che ancor di più avranno:

- cambiamenti ambientali;
- intelligenza artificiale;
- robotica;
- digitalizzazione;
- connessioni veloci;
- big data;
- lavoro a distanza;
- oggetti intelligenti e connessi;
- le nuove frontiere della biologia *(biohacking...)* e della medicina;
- l'ibrido uomo-macchina.

Qualsiasi cosa che possa essere automatizzata verrà automatizzata, qualsiasi cosa sia prevedibile sarà svolta da macchine intelligenti: tantissimi posti di lavoro scompariranno in pochi anni, allo stesso tempo nuove opportunità si dischiuderanno.

Attività che svolgevamo con fatica saranno realizzate da robot sempre più intelligenti e capaci di apprendere velocemente dall'esperienza e dall'enorme quantità di dati che i dispositivi connessi stanno raccogliendo e raccoglieranno. Tutto ciò mette al centro una domanda: che cosa significa essere umani oggi?

Ho dedicato gran parte della mia vita a facilitare il cambiamento in persone e organizzazioni che si sono rese conto che noi siamo molto di più di quello che esprimiamo in questo momento: possiamo imparare dai nostri errori, far leva sulle risorse che abbiamo senza essere vittime delle nostra storia personale, possiamo diventare sempre più protagonisti della nostra vita, con la grinta, i giusti strumenti a disposizione e la perseveranza di applicarli fino a quando non li rendiamo pienamente nostri, diventando noi stessi...con più scelte e flessibilità.

Come dice un mio mentore spesso in natura: *"chi è prevedibile è preda di un predatore"*, chi è in grado di cambiare il proprio comportamento, di scegliere le proprie emozioni, di pensare e di agire in modo flessibile ha molte più possibilità di raggiungere quello che considera essere il proprio successo.

Abbiamo sempre di più bisogno di esseri umani così, che sappiano coniugare il proprio successo con quello degli altri, in armonia con l'ambiente che ci circonda. Ne abbiamo un bisogno straordinario. Umani, già e che cosa significa? Oggi più che mai questa è una domanda chiave.

È per questo motivo che con grande piacere accolgo la richiesta di Giovanni e Luigi di scrivere l'introduzione al loro primo libro: li ho conosciuti in aula da allievi e mi hanno colpito per la loro umiltà, la loro predisposizione ad apprendere, nonostante la loro già ricca esperienza sul campo. Hanno accettato di buon grado le mie provocazioni, le mie sfide, l'essere messi costantemente nella condizione di dover dimostrare qualcosa, e lo hanno fatto con stile, simpatia e semplicità.

Non è un libro come questo che può cambiarti la vita, come non è un corso di formazione per quanto bene fatto, o una sola esperienza. Allo stesso tempo spero che questo testo possa essere per te un seme, che possa germogliare e permetterti di avere più scelte e più soddisfazioni nella tua vita. E affinché il seme possa farlo ci dovrai mettere del tuo: rendendo il terreno fertile, bagnandolo e nutrendo con cura la straordinaria vita che nascerà.

Buona lettura.

Andrea Frausin*

*Specialista della Performance Individuale, di Gruppo ed Organizzativa
Presidente Talenti Group,
Psicologo, Master Trainer e Coach

Introduzione

L'idea di scrivere questo libro nasce parecchi anni fa, sia per nostra intenzione e volontà, sia perché sollecitati dai tanti partecipanti ai nostri corsi, dai clienti di percorsi di *coaching* e da *manager* che chiedevano un manuale, qualcosa di scritto e organico a cui attingere in caso di necessità o per approfondire.

Da parte nostra, un po' l'essere sempre in giro per tutta l'Italia, un po' l'ampia letteratura esistente su molti argomenti trattati, ci dissuadevano dal fare il passo. Poi, a un certo punto abbiamo consapevolizzato che sì, c'era e c'è tanto di scritto, ma non era e non è il nostro scritto.

Il nostro libro è differente e lo è perché in queste pagine sono racchiusi quasi vent'anni di nostra esperienza in aula e non solo. Quando parliamo di esperienza intendiamo di pratica, di azioni, di sperimentazioni nei reparti delle aziende, seguendo manager un passo indietro mentre operavano e "comunicavano" coi propri dipendenti e collaboratori o, rispettosamente, nella stanza delle sessioni di *coaching,* o con giovani e genitori tra i banchi delle aule scolastiche, insieme ai tanti insegnanti di mente aperta ad apprendere nuovi approcci relazionali verso i propri studenti. E noi lì, ad affinare, aggiustare e anche ad apprendere e calibrare, di conseguenza, gli interventi successivi.

Ecco, esperienza. La nostra, fattiva e mai ripetitiva.

Ebbene, chi siamo oggi e quello che sappiamo (ma è un continuo "lavori in corso"), è anche conseguenza delle nostre scelte, unite agli stimoli giunti dalle tante persone che abbiamo incrociato, da allievi, per tantissimi motivi sui nostri percorsi personali di crescita e sviluppo, o professionali in qualità di *trainer, coach* e *counselor.*

Partendo da queste e altre riflessioni sulle quali a breve ci soffermeremo, ci siamo posti l'obiettivo di scrivere questo libro, sulla base del nostro vissuto, dei nostri studi e della pluriennale esperienza professionale in qualità di *Trainer* e *Coach.*

L'intenzione alla base è che esso possa rappresentare un manuale, una guida pratica su questi temi legati a chi vuole conoscere, allenare e potenziare abilità importanti per svolgere con efficacia un ruolo che sia di guida, di insegnamento, di sostegno e accompagnamento come tipicamente richiesto in contesti aziendali e organizzativi, di apprendimento e formazione o in ambito sociale e familiare.

Con questo libro vogliamo aiutare te, che in questo momento ci stai leggendo, nei tuoi diversi ruoli. Aiutarti a fare esperienza di come approcciarti alla vita personale e professionale; come approcciarti agli altri, coloro che ti sono prossimi e a te stesso, ai fini di un miglioramento della tua qualità di vita, sostenendo i tuoi punti di forza e sviluppando la tua capacità di autodeterminazione, con l'intento, inoltre, di generare in te la voglia di saperne di più, approfondirne i contenuti e la pratica, affinché possa essere per te spinta verso un miglioramento continuo.

Pertanto, il nostro obiettivo in questo libro non sarà quello di trattare in modo esaustivo i diversi temi, bensì, di offriti la possibilità di individuare e fare i primi passi attraverso idee, protocolli e procedure che sostengano la tua crescita a trecentosessanta gradi.

Il nostro intento è quello di aprire delle finestre mentali per fare entrare uno spiraglio di luce, una brezza di aria fresca, che dia direzione, energia, consapevolezza ai tuoi progetti di vita, affinché tu possa diventare più consapevole, forte e più fiducioso. Vogliamo che sia una lettura che possa diventare per te un processo di *empowerment* per aumentare il tuo grado di autonomia e autodeterminazione.

Durante la stesura di questo libro ci siamo lasciati guidare dalle seguenti intenzioni e visioni: "Come sarebbe il mondo, la comunità in cui viviamo, l'azienda nella quale svolgiamo il nostro lavoro, la famiglia in cui cresciamo o quella che abbiamo costruito se, in un processo di influenzamento reciproco, ci sentissimo accompagnati, guidati, sostenuti in un percorso di miglioramento continuo per il nostro bene, il bene degli altri e del sistema intero?"

Immagina come sarebbe diversa la tua realtà e quella degli altri se ti svegliassi ogni mattina con la certezza di essere amato e di avere un ruolo di fondamentale importanza sul pianeta.

Immagina come sarebbe il nostro mondo se tutti amassero sé stessi così tanto da non sentirsi minacciati dalle opinioni, dai giudizi, dal colore della pelle, dalle preferenze sessuali, dal talento, dall'istruzione, dalla ricchezza, dalla povertà, dal credo religioso o dalle usanze delle altre persone.

C'è un termine a noi molto caro che ha avuto origine in Africa e che è "ubuntu" che ha come significato: "Sono quello che sono per via di chi siamo tutti" e questo ci fa riflettere su quanto sia importante mettere al centro la nostra umanità e su cosa significhi essere "umani".

Siamo tutti individui ma non esistiamo se separati l'uno dall'altro. Dipendiamo gli uni dagli altri e quando ci rendiamo conto che questo è il nostro stato naturale di esseri umani, dovremmo onorare questa connessione che ci lega. Questa interconnessione potrebbe essere considerata la nostra bussola per orientarci nella nostra vita, la nostra guida per il modo in cui interagiamo con le persone, in famiglia, a scuola, al lavoro, nel mondo.

Anche se agli occhi degli altri la creazione di una nuova vita, la nostra nascita, è un evento miracoloso e da celebrare, molto probabilmente per il neonato, per noi, non è stata proprio una gran festa.

Passare da un mondo accogliente, da una condizione nella quale ti sentivi al sicuro, nella quale venivi nutrito senza dover fare il minimo sforzo, in uno stato nel quale tutto ruotava intorno a te e poi, improvvisamente, sentirti spinto fuori attraversando un tunnel strettissimo che ti separa dal quel mondo beato, dal tuo personale giardino dell'Eden, beh deve essere stata dura.

Per iniziare poi a comprendere come funziona questo nuovo sistema nel quale due nuovi mondi si muovono e interagiscono tra loro, il mondo interno e il mondo esterno. Il tuo mondo interno, fatto di un corpo, che devi capire come funziona, come muoverlo; di pensieri, di energia, di emozioni, che producono strane sensazioni e che ancora non sai da cosa dipendono.

Il tuo mondo esterno fatto di connessioni con altre figure simili a te, con altri esseri senzienti e con il creato tutto. In effetti, da piccoli ci manca un manuale di istruzioni su come questi due mondi funzionano individualmente, come dialogano e come entrano in connessione.

Un ricordo che ci accomuna entrambi, di quando eravamo piccoli, è quello di stare a chiedere continuamente "come si fa?", di essere alla ricerca di istruzioni, c'erano tante cose da dover capire, scoprire ed era forte la volontà di trovare la chiave per accedere al nuovo, all'ignoto.

In effetti, ripensandoci, è una domanda che ancora oggi ci poniamo, da adulti, su diversi aspetti della vita e sul lavoro che vogliamo conoscere e apprendere. Domanda che ci viene posta di frequente anche nei nostri corsi di formazione o nelle sessioni individuali: *"Come faccio a...?"* E uno dei "come" che ci siamo chiesti scrivendo il nostro libro, riguarda il "Come leggerlo e utilizzarlo".

Ebbene, noi ti proponiamo almeno due mod

alità:

- leggerlo dalla prima all'ultima pagina, in sequenza, come un libro di interesse e approfondimento degli argomenti trattati;
- partendo dall'argomento che, in questo momento della tua vita, rappresenta il tema più rilevante e verso il quale vuoi maggiori spunti di riflessioni, modalità operative e risorse per migliorarne la gestione, l'efficacia e i risultati.

Non ci resta altro che augurarti una buona lettura, un buon viaggio, in attesa di poter leggere, scrivendoci, le tue impressioni e in che modo questo libro ti abbia supportato nel tuo percorso di crescita.

Ringraziamenti

Un sentimento che ci accompagna dagli inizi, divenuto anche un nostro rituale, è il sentimento della gratitudine verso le persone da cui riceviamo e alle quali diamo. Gratitudine verso il Creato, del quale siamo consapevoli esserne ospiti, e curatori; gratitudine per la dinamica e le energie dell'Universo nelle quali siamo coinvolti.

Siamo grati ai nostri inizi formativi che tra Napoli, Bologna e Milano ci hanno fatto incontrare i nostri primi mentori di quella cosa "strana" chiamata programmazione neuro linguistica. Siamo grati a quanti sono stati disponibili a farci crescere e ad integrare le nostre conoscenze e competenze con discipline diverse, talvolta ritenute in antitesi tra loro, ma che invece, insieme, creano un caleidoscopio di possibilità e potenza trasformativa.

Siamo per questo grati a Lucia Giovannini e Nicola Riva per averci aperti alla parte più intima di noi stessi. Ad Andrea Frausin che, oltre a essere una mente straordinaria e ad avere un sapere illuminante, ci ha permesso di conoscere e formarci personalmente con Frank Pucelik, il terzo padre della PNL: osservarlo mentre "pratica", apprendere da lui, modellarlo, è un'esperienza che non può lasciarti "intatto". Ti cambia.

E se stimoli continui ci sono stati, supporto e sprono questi hanno i nomi di tre grandi donne: Rossella Annunziata Gargiulo, Wiola Sowa e Filomena Abruzzo, tre anime straordinarie che da giovani allieve sono divenute, negli anni, fuochi generatori di cambiamento e professionalità. A loro tre ci legheranno sempre sentimenti di amore e gratitudine che resteranno impressi e vivi, qualunque strada il destino porrà davanti a ciascuno.

E, gratitudine immensa, verso i nostri affetti più cari e intimi, le nostre famiglie, ai loro occhi sbarrati, increduli, preoccupati e, talvolta, contrariati davanti alle nostre "incomprensibili" scelte lavorative. Quando abbiamo lasciato le sicurezze per tuffarci nell'ignoto. Che poi, forse, è il luogo più conosciuto e sicuro che ci sia. Grazie, per esserci sempre stati. Sempre, a prescindere.

Quanto a noi, a Giovanni e a Luigi, quello che ci lega e quello che, reciprocamente vogliamo qui manifestarci, lo lasciamo esprimere alle parole che leggemmo, oltre venti anni fa, di un grande scrittore e che da allora sono state un po' il sottofondo a ciò che questo tempo ci ha donato di vivere:

"Noi due, Caro amico,
siamo il sole e la luna,
siamo il mare e la terra.
La nostra mèta non è di trasformarci l'uno nell'altro,
ma di conoscerci l'un l'altro
ed imparare a vedere
e a rispettare, nell'altro ciò che gli è:
il nostro opposto e il nostro complemento".

Hermann Hesse

Capitolo 1:
Come riconoscere i propri maestri di vita

Eredità familiare

Una prima forma di manuale che ciascuno di noi inizia a scrivere, inconsapevolmente, è data dalle esperienze che facciamo giorno per giorno fin dai primissimi istanti di vita, esperienza dopo esperienza, errore dopo errore, successo dopo successo. Dalle regole e norme che ci vengono imposte, proposte dal mondo esterno e anche attraverso l'esempio che ci viene dato dalle persone che ci circondano.

I nostri iniziali modelli, coloro che prendiamo come esempio, fin dai primissimi anni di vita, sono i nostri genitori e familiari più vicini. Ci fornisco le prime istruzioni su come muoverci, come usare il nostro corpo (ad esempio come smettere di usare il pannolino) e anche le prime regole di comunicazione all'interno della famiglia con la definizione dei ruoli, e con l'ambiente esterno.

I nostri genitori ci trasferiscono anche il loro modo di vedere il mondo, le loro convinzioni, i valori, la mentalità, tutti elementi che andranno a influenzare la nostra visione del mondo e il nostro sviluppo. Piccolo problemino: anche loro non sono muniti di un manuale o di una guida di orientamento su come crescere un figlio e su come permettergli di sviluppare appieno le sue potenzialità.

Per fortuna possono ricorrere alla loro esperienza, al loro vissuto precedente come figli e utilizzare parte di quelle istruzioni, o magari non utilizzarle affatto perché ritenute controproducenti, dato che anche loro sono stati cresciuti da genitori che a loro volta non avevano una guida di riferimento.

È utile, quindi, riflettere da quali schemi sei stato influenzato dalla tua famiglia, per comprende anche meglio alcune dinamiche che magari oggi si presentano nella tua vita e che sono diventate le tue prime linee guida. Ti invito a prendere un foglio, una penna e a rispondere a queste domande guida:

- Qual è la storia dei tuoi genitori? La loro storia familiare, le gioie e i dolori.

- Quali sono i valori che ti sono stati trasmessi dai tuoi genitori?
- Quali convinzioni sulla vita ti hanno trasferito? Com'è la vita secondo loro?
- Quali sono i comportamenti ritenuti "da vincenti" per avere successo?
- Quali sono i comportamenti ritenuti "da perdenti"?
- Che cosa ti hanno raccontato sul rapporto con i soldi? E con il lavoro?
- Cosa ti hanno raccontato dei sentimenti e delle relazioni sentimentali?
- Cosa vuol dire per loro famiglia?
- Cosa ti hanno detto su chi dovevi essere, su come sei o su cosa dovevi diventare?
- Quali comportamenti rendevano evidenti il loro amore per te?
- Quali sono i segreti che, anche se non detti, hanno influenzato e influenzano la tua crescita?

La scuola: incontro con nuovi modelli

Quando diventiamo più grandi si aggiungono nuove figure di riferimento che arricchiscono il nostro manuale di guida e orientamento alla vita che sono gli insegnanti, con i quali trascorriamo tanti anni della nostra vita da asilo alle superiori e università, che rappresentano altri modelli di esempio dai quali apprendiamo nuovi schemi di pensiero.

Ci consentono di ampliare il nostro sapere e aggiungono ulteriori regole di comportamento per favorire l'apprendimento e la relazione in un gruppo più ampio, dato che in questo caso siamo anche in connessione con altri nostri coetanei. Inoltre, essi ci propongono, a volte in modo consapevole altre volte meno, anche la loro visione della vita, delle relazioni e su di noi.

In questo caso per gli insegnanti pur essendoci percorsi di studi di riferimento che li abilitano all'insegnamento e allo studio delle relative materie, rispetto ai genitori sono muniti già di una guida, di un primo manuale di orientamento nel ricoprire il ruolo di insegnante. Ciò li rende particolarmente bravi come esperti di ricerca, ben preparati rispetto alla materia dell'insegnamento, ma meno preparati come esperti di risultato, in cui il *focus* è comprendere come sostenere i propri discenti nel raggiungere l'obiettivo di apprendimento.

Spesso le aule in cui si insegna sono molto grandi, e questi insegnanti sono soli nel dovere gestire le dinamiche che si presentano, il tempo, i diversi stili di apprendimento e soprattutto con poche risorse a loro disposizione.

Durante i corsi che teniamo in giro per l'Italia, aiutiamo gli insegnanti a capire come possono sostenere il percorso di apprendimento dei loro studenti oltre che dal punto di vista della materia specifica (storia, geografia, fisica, matematica, ecc.) anche come usare la loro testa, i loro pensieri, le loro motivazioni.

Gli insegnanti, subito dopo i genitori, hanno un ruolo molto importante nella nostra vita, ci aiutano a formare il nostro pensiero, uno spirito critico, a comprendere in che modo noi stessi possiamo diventare un giorno i *leader* di domani ed essere i realizzatori della nostra vita e di quelle di una comunità. Pertanto, oltre ad insegnarci contenuti e saperi, il loro compito è anche quello di aiutarci a scoprire e sviluppare i nostri talenti.

Anche in questo caso ti invito a prendere un foglio, una penna e a rispondere a queste domande per comprendere da quali schemi sei o sei stato influenzato dai tuoi insegnanti:

- Ricorda tre insegnanti che per te sono stati particolarmente significativi nella tua storia scolastica dalle scuole primarie alle secondarie. Come mai? Cosa ti hanno trasmesso oltre alle materie che insegnavano?

- Cosa facevano per gestire l'intera aula durante l'insegnamento?

- Che aggettivi utilizzeresti per definire le qualità di ciascuno dei tre insegnanti?

- Quali sono i valori, le convinzioni che ti hanno trasmesso nel ricoprire il loro ruolo?

- Quali sono i comportamenti che secondo te, per questi tre insegnanti erano ritenuti "idonei" per avere successo come studente? E quali comportamenti erano ritenuti "non idonei"?

- Cosa ti hanno detto su di te, su come eri e/o su cosa potevi diventare?

- Come era il rapporto tra i tuoi genitori e questi tre insegnanti?

Il debutto: lavoro e società

Terminati gli studi abbiamo arricchito ulteriormente il nostro manuale con le istruzioni su tutto ciò che abbiamo appreso durante gli studi, le esperienze vissute e gli errori commessi.

Fino alla maggiore età spesso accade di non vedere l'ora di poter far parte del "mondo degli adulti", finalmente siamo liberi, autonomi, possiamo costruire e percorrere la nostra strada, dare ampio spazio alle nostre passioni, costruire la propria vita familiare, professionale e magari, dopo aver concluso il percorso di studi, poter applicare tutta quella conoscenza nella vita di tutti i giorni e nel lavoro.

Non so se è capitato anche a voi, ma per me, Giovanni, appena terminati gli studi ho trascorso un periodo davvero strano e frustrante, mi sentivo molto combattuto tra sentimenti di felicità e gioia, per aver completato un capitolo della mia vita, e paura, confusione e disorientamento per essermi accorto che in questo nuovo capitolo della mia vita non sapevo bene come usare nel concreto le cose apprese in quello precedente e, in più, non mi avevano dato strumenti per capire le regole del lavoro.

Strumenti per costruire il mio profilo professionale, per renderlo visibile e appetibile al mercato del lavoro, quali erano i codici di comportamento e comunicazione presenti quando entri a far parte di un'azienda. "Stranamente", tutto ciò che avevo imparato mi sembrava inutile perché quando inizi a lavorare quei contenuti teorici, pur mantenendo la loro validità, nell'operatività prendono altra forma.

La gestione del tempo, delle priorità e di se stessi sono tutti aspetti da ridefinire e comprendere. Fino a quando non ti rendi conto che hai bisogno di incontrare altre guide, o dei *leader,* che ti mostrano e ti insegnano le loro pratiche, i protocolli e la mentalità che hanno sviluppato per fare anche di questo capitolo, e di questa area lavorativa, un'occasione di crescita e di evoluzione per la tua vita.

Ma chi sono queste guide e questi *leader* nell'ambito lavorativo o della nostra vita da adulti? Manager, Team Leader, Formatori aziendali, Amministratori Delegati. Sono solo alcune delle guide, dei *leader* che incontriamo in un contesto lavorativo che purtroppo, troppo spesso, dimenticano che oltre a fornire strumenti e istruzioni per eseguire delle attività da svolgere in un'azienda, sono anche coloro che hanno il compito di sostenere lo sviluppo di loro stessi e delle persone che guidano e gestiscono, delle loro abilità, di sostenerle nella comprensione della missione e dei valori aziendali, di sostenere i propri collaboratori nella comprensione del loro ruolo, dell'importanza in quanto singolo anello di una catena che aiuta e sostiene l'obiettivo comune.

E, sempre a proposito di ruolo, se non lo sai, ti invitiamo a riflettere su questo aspetto: quando parliamo di ruolo, soprattutto in un contesto aziendale ma non solo, dovremmo parlare di un ruolo, come si direbbe al cinema, in 3D. Considerare cioè quelle che sono le tre dimensioni che esso copre contemporaneamente. Dimensioni e ricadute da consapevolizzare, comprendere, e gestire.

Alcune domande guida che possono aiutarti a comprendere queste tre dimensioni sono:

1. Come intendo io il ruolo di…
Cosa vuol dire per te ricoprire il ruolo di…? Oltre alla funzione

specifica, qual è il tuo modo di intenderlo, il tuo stile personale, la tua esperienza pregressa.

2. Come l'azienda intende il ruolo…

Cosa essa si aspetta da te, su cosa il tuo diretto superiore in organigramma valuterà la tua efficacia in quel ruolo? Qual è la tua *Job profile?* Quali sono i comportamenti e lo stile aziendale che vogliono che tu trasferisca o adotti?

3. Cosa si aspettano gli altri…

Chi sono gli altri? Potrebbero essere le persone che gestisci tu, se sei un *team leader* o un *manager,* per altri i propri clienti interni quindi altri colleghi o reparti con cui si hanno connessioni, oppure ancora il cliente esterno. Tutte persone che nutrono delle aspettative nei tuoi confronti per il ruolo che ricopri o per l'idea che si sono fatti di ciò che potresti o "dovresti" fare per loro.

Dalla qualità del rapporto di interdipendenza tra queste tre dimensioni dipenderà la qualità e il tuo livello di soddisfazione e allineamento al ruolo. Capita spesso durante i tanti percorsi aziendali di NLP *Business Coaching di Empowerment Master*

Class, nei quali i partecipanti sono amministratori delegati, manager, *team leader* e responsabili, che lavorando su queste tre dimensioni, si accorgono che magari alcuni di loro lavorano e interpretano il ruolo prevalentemente secondo il primo aspetto, la dimensione del sé.

Ma così facendo, rischiano di creare una "azienda" nella azienda, con le loro regole e il loro stile personale, una sorta di "feudo" in cui gli altri che non ne fanno parte non posso accedere se non attraverso confronti duri e in cui la stessa azienda non ne è soddisfatta in quanto non allineata a uno stile unico aziendale.

Altre volte incontriamo *manager* che, invece, sono fortemente legati alla seconda dimensione e quindi perseguono in tutto e per tutto le direttive, gli obiettivi e la politica aziendale e lo fanno a tal punto da allineare ad esse il loro personale stile e modo di interpretare il ruolo, cioè il punto1, risultando così fortemente aziendalisti.

Purtroppo dimenticano di includere nei loro piani strategici e di comunicazione gli "altri", ovvero la terza dimensione, il punto 3.

Pertanto, fanno molta fatica nel farsi seguire dai loro collaboratori o dai membri del loro *team,* o lo fanno usando il "potere di ruolo" anziché imparare a gestire le "resistenze" e le relazioni professionali così da aumentare la loro sintonia e nutrire la relazione con i membri della propria squadra, mettendosi in ascolto anche dei loro bisogni.

E poi ci sono gli *helper* ovvero *team leader* o *manager* che tendono a posizionarsi e cristallizzarsi più nella terza dimensione, sugli altri. Questi si preoccupano dei membri del proprio team o dei propri collaboratori, sono sempre disponibili ad aiutarli, a sostenerli, a prendersi loro delle responsabilità che magari non gli competono, a scendere nell'operatività sostituendosi ai propri membri per aiutarli, a farsi carico delle loro esigenze.

Oppure, come in alcuni casi abbiamo visto fare, persone che ricoprono il ruolo in area *sales* che pur di raggiungere gli obiettivi commerciali che gli sono stati richiesti si spostano troppo verso i loro clienti esterni fino al punto di assecondarli in ogni loro richiesta non rispettando le modalità e i tempi prefissati dalla propria azienda, mettendo in difficoltà le altre aree del comparto.

Pertanto, capirai bene che, in quest'ultimo caso, il problema che viene a crearsi è che spostandosi troppo verso gli "altri" la persona dimentica di far parte di un sistema interconnesso con tutte le parti di cui è composta un'azienda e questo potrebbe portare a non perseguire gli obiettivi richiesti. Oppure, si potrebbe avere una dilatazione dei tempi, o ancora, venire visti dall'azienda troppo tutelanti verso gli altri e poco verso l'azienda che ha dato l'incarico di perseguire obiettivi specifici in tempi ben definiti.

RIEPILOGO DEL CAPITOLO 1:

- SEGRETO n.1: l'eredità familiare scrive le pagine iniziali del tuo manuale guida; scopri quali sono regole, norme e convinzioni che ne fanno parte e ancora condizionano in modo funzionale o limitante la tua vita.

- SEGRETO n.2: la scuola e l'incontro con altri modelli integra e arricchisce i tuoi riferimenti. Comprendi quali schemi di valutazione adoperi verso te e verso gli altri, e qual è il metodo di approccio alla realtà, che hai appreso e che oggi va ben oltre lo studio.

- SEGRETO n.3: l'allineamento tra le tre dimensioni del ruolo determina la qualità e il livello di soddisfazione delle tue performance.

Capitolo 2:

Come facilitare genitori e insegnanti

Acquisire protocolli e buone prassi per l'apprendimento

"Gli insegnanti ideali sono quelli che si offrono come ponti verso la conoscenza e invitano i loro studenti a servirsi di loro per compiere la traversata; poi, a traversata compiuta, si ritirano soddisfatti, incoraggiandoli a fabbricarsi da soli ponti nuovi".

(Nikos Kazantzakis)

"Ciò che l'insegnante è, è più importante di ciò che insegna".

(Karl Menninger)

Parliamo ai genitori e agli insegnanti. Parliamo di insegnamento, apprendimento e di come facilitare questo processo sia nei bambini e nei giovani, durante il loro percorso scolastico che in riferimento alla formazione degli adulti, nella loro crescita professionale.

Parliamo a persone che "scelgono" di svolgere il loro ruolo di guida, di modelli, di mentori e, quindi, a chi sceglie di assumersi la responsabilità di accompagnare e supportare la crescita, lo sviluppo di altre persone, sia in quanto genitori, sia perché svolge la professione di insegnante, di formatore, di *trainer*.

Antonio, quattro anni, entra in classe accompagnato dai genitori per il suo primo giorno di scuola. La maestra va loro incontro salutando tutti cordialmente, poi guarda il bambino sorridendo chiedendogli il suo nome con un tono di voce formale e asettico. Antonio non la guarda in viso, mantiene gli occhi bassi, resta in silenzio e si nasconde dietro alle gambe della madre.

Anche per Marco, di cinque anni, è il primo giorno di scuola. È accompagnato dalla madre. Entrando in classe, l'insegnante, avvicinandosi, si rivolge prima di tutto al bambino, lo cerca negli occhi, si accovaccia per guardarlo meglio e gli dice: "Ma lo sai che sei proprio bello? Sono proprio felice che ci sei, ti stavo aspettando".

Sul viso di Marco esplode un sorriso, il suo viso si illumina mentre cerca gli occhi della maestra. È come alleggerito. Quelle parole arrivano come se le aspettasse da sempre, parole non vuote e stereotipate, ma rivolte a lui, a Marco.

Parole che trasportano un'energia che lo scuote dentro e che il bambino è pronto a riconoscere. Qualcosa si è "acceso" dentro di lui e non può non esprimerlo, qualcosa che lo fa vibrare, risuonare e gioire.

Genitori, i nostri primi insegnanti

Ogni volta che iniziamo una formazione, un *training* o anche un percorso individuale con i genitori, capita di frequente ascoltare interventi del tipo "Sento di non essere un buon genitore", "Con mio figlio ho fallito, a volte non lo riconosco", "Non ho idea di come approcciarmi coi mei figli", "Non riconosco in mio figlio i valori che gli ho trasmesso", percependo le loro sensazioni, il loro proiettarsi e nel loro sentire un senso di inadeguatezza, di incapacità rispetto al loro ruolo genitoriale.

Quello che noi subito restituiamo loro è che, generalizzando, un padre e una madre educano i propri figli con le intenzioni più alte e amorevoli del mondo, investendo tutto il possibile in tempo, denaro, attenzioni e quant'altro in loro potere e volontà, per fare un ottimo lavoro e il modo con il quale lo fanno, parte dal loro modello genitoriale di riferimento.

Capita, infatti, nella maggioranza dei casi che il metodo con il quale educhiamo, ci relazioniamo e decidiamo di far crescere i nostri figli si rifaccia al modello educativo che abbiamo "provato" sulla nostra pelle, cioè quello dei nostri genitori (o di chi ci ha cresciuti), nostra madre prevalentemente.

Questo modello viene poi filtrato e integrato con le esperienze individuali, con ciò che di quel modello riteniamo giusto e valido e lo reiteriamo, discostandoci invece da quei comportamenti e insegnamenti che riteniamo non essere idonei, adeguati o educativi.

In più, questo approccio viene ulteriormente filtrato, adeguato e modellato da quello che è il nuovo contesto sociale, dalle differenti modalità di interazione che i giovani di oggi sembrano avere innate, molto differenti rispetto alle relazioni genitori-figli fino alla fine degli anni Novanta, e che li pongono, apparentemente, in un'aurea di autonomia e indipendenza molto più precoce rispetto a prima.

La genitorialità è il lavoro più gratificante e, allo stesso tempo, il più frustrante del mondo poiché i figli possono metterci alla prova in tutti i modi e in ogni situazione. Essere genitori è un impegno a tempo pieno, notte e giorno, dal lunedì alla domenica, trecentosessantacinque giorni l'anno e ogni genitore desidera il meglio per i propri figli. Il meglio che ci possa essere per loro, il meglio che essi possano essere per loro stessi.

È assodato che i genitori svolgano un ruolo fondamentale nello sviluppo dei bambini e molteplici ricerche sul rapporto genitore-figli, quasi invariabilmente, indicano due componenti basilari del genitore che sono costantemente correlate con lo sviluppo del bambino e i risultati conseguiti dai giovani:

- la prima è la fondamentale componente di supporto genitoriale, compresi il calore, l'affetto e il coinvolgimento;
- la seconda è la funzione di controllo, lo stabilire i limiti, i permessi e la supervisione del loro agire.

Inoltre, ciò che è emerso, e il buon senso educativo già sapeva, è che i bambini e gli adolescenti rendono al meglio quando i genitori li sostengono, trascorrono del tempo di qualità con loro, evitano dare punizioni e enfatizzano la comunicazione.

Insegnante, un equilibrio tra saper fare e saper essere

Il termine *"insegnare"* deriva dal latino *insignare* composto dal prefisso *"in"* unito al verbo *"signare"*, con il significato di segnare, imprimere e che a sua volta riconduce al sostantivo *"signum"*, che significa marchio, sigillo.

L'attività dell'insegnante, quindi, etimologicamente, lungi dal limitarsi alla trasmissione del sapere fine a sé stesso, consiste nel "segnare" la mente del discente, lasciando impresso un metodo di approccio alla realtà, che va ben oltre lo studio.

All'età di circa cinque anni, con le nuove politiche dell'istruzione e le riforme degli ultimi lustri, anche prima dei tre anni, nella vita del bambino subentra, quotidianamente, una nuova figura educativa che si affianca a quella dei genitori e che diventerà un ulteriore riferimento, un altro modello a cui guardare:

l'insegnante.

Se ci pensi, una volta avviato il percorso genitoriale di "educazione", di modellamento, tutti veniamo "affidati" per una buona porzione di tempo, a quest'altra figura che, seppur cambiando nel corso degli anni, ci accompagna nella nostra vita, almeno, fino alla maggiore età e, per chi frequenta l'università, fino ai venticinque anni, e oltre.

Il tempo nel quale viviamo è certamente, per il mondo dell'insegnamento, della scuola e più in generale dell'apprendimento, uno dei più stimolanti e allo stesso tempo, uno dei più ambigui. Stimolante perché:

- mai come in questo momento storico, è possibile accedere gratuitamente e in tempi rapidissimi a una varietà e ricchezza di contenuti, informazioni, di strumenti didattici e di metodologie sia attingendo al web, che ad altre tipologie di fonti;
- le nuove politiche favoriscono l'interscambio culturale, esperienziale e relazionale con molti progetti atti a facilitare tali obiettivi.

- lo sviluppo tecnologico consente, al tempo stesso, che una grande quantità di informazioni sia disponibile, ai più, con il semplice tocco di un tasto;

- così come le recenti e numerose scoperte date dalle neuroscienze ci forniscono informazioni sul modo, e sui modi, con il quale le persone apprendono e imparano, su come immagazzinano le informazioni, come le registrano e quali sono le "strategie" individuali per riportarle alla memoria cosciente, allo stesso tempo, questi tempi si rivestono anche di una forte ambiguità. Le sfide che ogni insegnante affronta, quotidianamente, sono tra le più complesse di quanto non siano mai state nei tempi addietro;

- essi si ritrovano davanti a sempre maggiori richieste di aggiornamento professionale, di acquisizione di competenze e specializzazioni;

- sempre più crescenti aspettative da parte dei genitori che richiedono riconoscimento e attenzione specificamente per i "loro" figli;

- in aula, allievi orientati più a curare la loro immagine nella propria vetrina social piuttosto che la loro maturazione e identità culturale;

- docenti chiamati a rispondere a incombenze amministrative che relegano in secondo piano, talvolta, l'efficacia dell'approccio didattico.

Ecco, dinanzi a questo scenario, c'è da stupirsi che un gran numero di persone scelga ancora di svolgere la professione di insegnante. Fino ai primi anni Novanta, circa, l'insegnante era una professione alla quale veniva riservato e deputato un rispetto quasi al pari di una carica istituzionale o ecclesiastica, poiché a essa si riconosceva una funzione sociale e civile di primaria importanza.

La buona riuscita del successo non solo individuale, ma della futura collettività (almeno locale) era, in qualche modo, conseguenza di una buona formazione ed educazione dei piccoli cittadini e futuri professionisti.

Dalla seconda metà degli anni Novanta del secolo scorso, invece, si è assistito a un graduale declino di questo riconoscimento con le conseguenze che oggi sono sotto gli occhi di tutti e che la cronaca quotidiana non ci risparmia: insegnanti vessati dagli studenti durante le lezioni; insegnanti picchiati dai genitori che non concordano con voti o giudizi dati ai loro "intoccabili e perfetti" figli; docenti alle prese con burocrazia e trasferimenti continui a scapito di una continuità e una "relazione" didattica con i propri allievi.

Nella tua esperienza di discente, dall'asilo e fino all'età adulta, o quando magari eri nelle aule universitarie, ti sarà capitato di apprezzare la particolare abilità di una docente, di un oratore. Avrai di certo gradito il fatto che il modo con il quale egli si esprimeva rendeva particolarmente semplici e interessanti gli argomenti trattati, anche quelli che, in altri momenti o con altri insegnanti, ti erano risultati particolarmente ostici.

Prendiamo ad esempio il cliché della matematica, quale materia tra le più ardue. Molte volte è accaduto che cambiando insegnante, quella difficoltà, con le conseguenti ansie e disagi che il non riuscire a capirla comportava, svanisse e anzi, si riscopriva un certo piacere e anche un senso di soddisfazione personale. Eppure, la materia, con le sue logiche e funzioni, era sempre la stessa.

Come mai, poteva accadere questa cosa? Molto probabilmente, il modo, il metodo, con il quale il nuovo docente spiegava la matematica, il linguaggio utilizzato, gli esempi e le dimostrazioni erano molto vicine, allineate, al tuo personale modello di apprendimento o integrava più approcci durante la spiegazione stessa.

Proiettandoci in una classe, viene subito da pensare che per quanto un insegnante voglia dedicare tempo e attenzione al singolo allievo, nella pratica, ciò resta una bellissima, buona intenzione, non fosse altro per lo squilibrio del rapporto uno a venticinque, quando va bene.

E allora come fare per rivolgere la necessaria attenzione al singolo allievo e assicurare, nello stesso tempo, lo sviluppo intellettuale, sociale e culturale di un'intera classe? Abbiate sempre ben presente una cosa: prima che gli studenti si interessino a ciò che un insegnante sa e dice loro, hanno bisogno di sapere, di percepire che quel docente si interessa di loro, in quanto persone.

Una delle più importanti caratteristiche che fanno la differenza tra un insegnate e l'altro, è la "congruenza", intesa come l'abilità di far combaciare e allineare chi si è, con quello che si fa e con ciò che si dice e come lo si dice.

Andando avanti nella lettura di questo capitolo acquisirai graduale consapevolezza su alcuni approcci e comportamenti che ti saranno utili a:

- strutturare e "calibrare" la tua lezione se sei un insegnante;
- migliorare il tuo modo di seguire e stimolare tuo figlio se sei genitore;
- impostare la tua formazione e presentazione, a persone adulte o a colleghi se sei un formatore, avendo la "certezza" che, pur parlando contemporaneamente a tutti, il tuo linguaggio e la tua comunicazione saranno adeguate e per loro comprensibili. Acquisirai una mentalità, un protocollo, un metodo.

Le cinque chiavi per creare contesti ad alto apprendimento e accedere a stati di alta performance

Questo metodo applicato nell'approccio educativo dei genitori e sia allo studio che all'insegnamento, si compone di cinque chiavi di accesso che permettono di creare stati ad alto apprendimento.

Ti ritroverai a sviluppare, e praticare, la flessibilità di variare, durante le ore di insegnamento e formazione il tuo approccio, fino a personalizzarlo e farlo divenire naturale, in modo da avere la "certezza" che i contenuti che vuoi trasmettere, vengano appresi e incamerati dai tuoi discenti perché sicuro che la modalità con la quale li avrai spiegati sarà allineata al loro, personale, stile di apprendimento.

Utopia? No, e lo confermano le moderne discipline, le ricerche sull'apprendimento, le neuroscienze e la pratica. C'è un detto che recita: *"Se vuoi insegnare la matematica a Pierino, non ti basta conoscere la matematica, ti serve conoscere anche Pierino"*.

Questo significa che non è sufficiente conoscere e padroneggiare la materia per essere un docente che fa la differenza, ma è necessario accorgersi della modalità con la quale gli allievi apprendono. Ogni docente, genitore o chi si occupa di sviluppo di persone, deve sviluppare la capacità di attivare queste cinque chiavi, che consentono di creare contesti ad alto apprendimento.

Tuttavia, appare evidente che sarebbe impossibile per un docente lavorare e insegnare in un rapporto "uno ad uno" in una classe composta almeno da venticinque ragazzi, ed è in questo spaccato che la programmazione neuro linguistica (da qui in poi, PNL) diviene uno strumento utilissimo.

La PNL, dall'osservazione continua in anni di attività, ha tratto le modalità con le quali le persone incamerano gli stimoli esterni e le informazioni, come le elaborano e come le traducono in linguaggio e in comportamento. Le ha raggruppate in tre macro categorie chiamate "sistemi rappresentazionali" che indagheremo nel dettaglio, più avanti.

Andiamo adesso ad approfondire le singole chiavi di accesso, e a capire come è possibile attivarle nei differenti contesti di apprendimento.

Chiave 1 - Come sviluppare un approccio mentale flessibile, da fisso a dinamico

Abbiamo accennato in precedenza a quanto da bambini siamo sollecitati ad assorbire quello che di noi viene detto, inizialmente dai nostri genitori, le loro convinzioni su di noi, il loro "definirci" e, successivamente, dai nostri insegnanti e quanto il loro pensiero, ma soprattutto le loro parole siano diventate, una volta adulti, degli ordini, dei mantra, dei comandi da e-seguire.

Molto spesso genitori e insegnanti nell'elogiare i successi, o nel criticare i risultati poco soddisfacenti dei propri figli o allievi, pongono enfasi sulla loro intelligenza, sul loro essere "persona", piuttosto che sul processo che hanno seguito, sulle strategie che hanno messo in atto o sulle capacità a cui hanno attinto per superare le difficoltà in una materia o in una situazione particolarmente avversa.

Il rischio che si corre quando i complimenti, gli elogi sono rivolti all'essere persona, piuttosto che al fare o al processo seguito, è di condizionare in un modo o nell'altro sia il processo stesso di apprendimento, sia le convinzioni su di sé. Vi sarà capitato di ascoltare frasi rivolte a un bambino, del tipo: *"Mio figlio impara velocemente, è proprio intelligente"* oppure *"Mia figlia è brillante, prende voti altissimi senza neanche studiare"*.

Se a un ascolto superficiale queste frasi arrivano di certo come complimenti schietti, a un ascolto più profondo, quello che può arrivare ai figli ai quali sono rivolte è: *"Se non imparo velocemente non sono intelligente"*, *"Meglio che non studi troppo o penseranno che non sono brillante"*.

I genitori pensano di poter dare ai figli un'inesauribile fiducia in sé stessi attraverso lodi e complimenti sulla loro intelligenza e sul loro talento. Purtroppo, non funziona così e, infatti, produce esattamente il risultato contrario poiché i bambini iniziano a dubitare di sé e delle loro capacità non appena iniziano le difficoltà e le cose non vanno come loro hanno immaginato.

Il risultato che se ne ottiene è la messa in discussione di sé, il senso di sfiducia delle proprie capacità con il conseguente abbandono della "sfida". Invece, genitori e insegnanti devono essere bravi a veicolare l'amore per le sfide, la curiosità per il processo, per gli errori e l'apprezzamento per gli sforzi compiuti, incoraggiando a continuare e ad apprendere di continuo.

Questo non vuol dire che non si debbano elogiare con entusiasmo i ragazzi, ci mancherebbe. Significa, però, che ciò che va elogiata non è la loro intelligenza o il loro talento, quanto piuttosto il loro impegno e la loro costanza per non essersi arresi alla difficoltà.

Quando uno studente, un figlio, di fronte a una prova particolarmente difficile o articolata, supera il blocco iniziale e raggiunge un risultato, anche minimo, che evidenzi uno spostamento da quella *impasse* iniziale, la cosa più gratificante che può sentirsi dire dall'insegnante o dal genitore è: *"Ti faccio i miei complimenti. Hai cercato strategie, ti sei impegnato, e invece di arrenderti hai tentato ogni genere di soluzione e alla fine ce l'hai fatta".*

Con parole come queste, quello che avrete nutrito, valorizzato e incoraggiato, più che il risultato (che potrà essere anche migliorato) sarà stato il processo e, soprattutto, l'atteggiamento mentale e comportamentale del ragazzo. È questa la crescita. È questo l'allenamento, continuo e costante, da fare (e da far fare) per passare da un approccio mentale statico, a una mente di tipo dinamica.

Voto, giudizio? Valorizzare piuttosto il processo

Carissimi insegnanti di ogni ordine e grado quante volte al termine di un'interrogazione, di un test, di una verifica vi siete rivolti a qualche vostro studente con frasi del tipo: *"Sei stata brava, ti metriti un bel 7 e ½"*, *"Sei lento, i tuoi compagni hanno già imparato tutto"*, *"No, non ci siamo...per me vali un 4-... e sono stato buono"*.

Adesso andate indietro di qualche lustro. Ricordate quando anche per voi, da alunni, i giudizi erano non proprio gratificanti e promettenti e i vostri professori vi hanno rivolto frasi del genere? Ricordate l'emozione con la quale tornavate al banco, quella sensazione di svalutazione, di rabbia, di disagio e, per alcuni, la vergogna che vi accompagnava nel tragitto tra i banchi dei compagni verso il vostro posto.

Sì, le emozioni erano molto probabilmente quelle appena descritte e queste scaturivano dal fatto che eravamo stati giudicati, e ciò che era stato valutato, o almeno così a noi arrivava, eravamo noi, le nostre capacità, noi in quanto persone. Non (solo) quello che avevamo detto o fatto alla cattedra.

Ebbene, lo stesso discorso che abbiamo fatto nel paragrafo precedente riguardo al passare da una mentalità fissa a una mentalità dinamica vale anche come metodologia didattica, come allenamento per insegnanti e genitori verso un modo di approcciarsi ai ragazzi in maniera generativa e non giudicante.

A tal proposito, i moderni metodi didattici, le sempre più straordinarie scoperte delle neuroscienze in termini di apprendimento hanno dato, e stanno ancora dando, contributi pratici di un'efficacia eccezionale. Tra questi vogliamo ricordare qui, per ciò che concerne il nostro discorso, quello di Carol Dweck, docente di psicologia presto la *Stanford University*, una delle maggiori autorità nel campo degli studi sulla personalità nella psicologia sociale e dell'apprendimento.

Ebbene, la Dweck a partire dagli inizi degli anni '80 ha condotto studi e ricerche per capire come i ragazzi affrontassero le sfide e le difficoltà. In una di queste ricerche furono dati a bambini di circa dieci anni una serie di problemi molto difficili rispetto alla loro età e alle loro capacità.

Ebbene, ciò che venne analizzata fu la reazione dei ragazzi a questi test: alcuni di loro reagirono in modo sorprendentemente positivo, dicevano cose del tipo: *"Oh che bello, adoro le sfide, mi piace mettermi alla prova"*. Essi avevano capito che le loro capacità erano, sì, messe alla prova, ma potevano essere sviluppate e ampliate. Questi ragazzi avevano quella che viene definita una mentalità di crescita, una mentalità dinamica.

Un'altra parte degli studenti, invece, aveva percepito i problemi da risolvere come qualcosa di tragico, di catastrofico. Secondo il punto di vista di questi ultimi, più statico e fisso, ciò che veniva giudicata era sia la loro intelligenza, sia essi stessi in quanto persone e, quindi, avendo fallito il test, per loro era come se fossero considerati, e si consideravano essi stessi, dei falliti e degli incapaci.

Ciò che accadeva, e accade tutt'oggi per molti giovani e adulti, è che invece di crogiolarsi nel potere del "non ancora" si aggrappavano alla tirannia del "subito, dell'adesso". Era come se si dicessero: *"Ho avuto (adesso) un brutto voto? Allora basta, non valgo niente. È finita qui, sono un disastro"*.

Sapete in che modo, questi ultimi, hanno reagito al non superamento del test? Ebbene, presi in disparte, alcuni hanno detto che la volta successiva avrebbero imbrogliato e, invece di studiare di più, avrebbero utilizzato degli stratagemmi e dei trucchi per poter copiare e rispondere esattamente. Tra questi, altri ancora sono andati alla ricerca di qualcuno che aveva fatto il test peggio di loro, che avesse preso un punteggio ancora più basso in modo da sentirsi, al cospetto, in qualche modo, più bravi.

Molti ragazzi con una mentalità statica, o tendono a sminuire le proprie capacità anche dicendosi frasi del tipo: *"Io non ci capisco nulla, sono uno stupido"*, oppure, ribaltando la responsabilità del risultato e spostandola da sé agli altri, svalutano chi ritengono essere causa del loro insuccesso: insegnanti, amici, allenatori e anche genitori e familiari.

Dunque, qual è stata, per questi ragazzi, la loro strategia di reazione? Sono fuggiti dalla difficoltà. L'hanno evitata. È stata per loro un'esperienza dalla quale allontanarsi, anche emotivamente. E nel momento in cui se ne allontanano, vanificano anche il processo che per quanto difficile, come abbiamo detto, rappresenta essere l'elemento di crescita e potenziamento per le capacità e la personalità di questi ragazzi.

Parlare di *forma mentis,* statica e dinamica, significa parlare dell'approccio individuale delle persone alle varie situazioni quotidiane, sia in contesti di apprendimento, in senso lato, che in contesti di business, di sviluppo e valorizzazione di persone e *team* aziendali.

Nello specifico, per voi insegnanti e genitori è importante riconoscere e distinguere queste due *formae mentis* tra i vostri ragazzi. Individuare coloro che nel proprio abitudinario approccio alle situazioni critiche e sfidanti si pongono con un atteggiamento di chi crede che le proprie qualità, abilità e caratteristiche siano scolpite nella pietra e, quindi, immodificabili, chi crede che "o sei intelligente, o stupido. Punto". Che non c'è via d'uscita.

Sono quei ragazzi, quelle persone, che si sentono sempre messi sotto esame da tutti. Coloro il cui obiettivo prioritario è dare prova di sé: al lavoro, in classe, nelle relazioni. E che di fronte alle difficoltà la loro vocina interna dice: *"È inutile, non sei capace, non ce la farai mai"*, quelli che *"Io sono fatto così...prendere o lasciare"*, quelli che *"Nulla mai cambierà il mio mondo"* e che non contemplano minimamente la possibilità di un cambiamento.

Qual è la più ricorrente conseguenza di questa mentalità? Quella di abbandonare l'intento, rinunciare magari senza nemmeno provarci.

Talvolta fare in modo, consapevolmente o meno, di creare le condizioni affinché non arrivi proprio il momento della "prova", di sabotarsi prima.

Alcuni somatizzano in problemi di salute (quanti ragazzi col mal di pancia, diarrea il giorno dell'interrogazione, o di quella materia…), altri danno sfogo alla fantasia più recondita (scioperi, manifestazioni, fare filone…). Sono questi gli aspetti e le manifestazioni della *forma mentis,* cosiddetta, "fissa, statica".

L'altro approccio, l'altra *forma mentis,* è quella di chi invece considera le proprie abilità, le proprie risorse, le proprie capacità non semplicemente come delle caratteristiche che gli sono toccate per volere divino e scolpite nel loro DNA e, quindi, immodificabili ma piuttosto come degli aspetti del proprio carattere da allenare, da stimolare, da potenziare ai fini di un raggiungimento dei propri obiettivi scolastici, personali o professionali.

Questo tipo di mentalità, dinanzi a situazioni ed esperienze particolarmente sfidanti, pur nella loro criticità, le affrontano e ci provano, e se falliscono la loro vocina interna piuttosto che essere giudicante e svalutante è lì a chiedersi dove hanno sbagliato. In che altro modo possono tentare, che cosa possono fare di diverso per raggiungere il loro obiettivo.

Questa è la mentalità detta "dinamica". Essa è capace di individuare il comportamento inefficace, ed elaborato l'errore, trae da questo un insegnamento e lo corregge. Il giudizio, la (s)valutazione è sì presente, ma non è focalizzata sulla persona, su sé stessi. Lo è piuttosto sul processo, su quello che è stato il comportamento, le azioni messe in atto, ed è su questi aspetti che attuano una revisione che è, in questo caso, potenziante.

Insegnanti, genitori, dinanzi al "fallimento" di un vostro allievo, dinanzi a un brutto voto, a un ultimo posto in una gara sportiva di vostro figlio o rispetto a un esito non gratificante, rispetto anche a come voi avreste desiderato, puntate l'attenzione e mettete sotto valutazione il processo, non la persona. Date peso sì al risultato di quel momento come dato oggettivo ma senza colpevolizzare alcuno. Piuttosto facendo seguire il concetto "dell'eppure", del "non ancora".

Il risultato che essi desiderano ricevere: sia esso un voto alto, un primo posto in una gara o qualunque cosa sia sotto la loro diretta responsabilità ottenere. Come potete ben capire, la differenza in questo percorso la fa chi ha un ruolo di guida, di mentore, sia esso un genitore, un insegnante o un *leader* poiché, se egli crede fortemente e intimamente che una capacità, un talento possano essere sviluppati e potenziati, allora il suo approccio di stimolo e supporto, verso gli altri, rispecchierà tale sua credenza.

Attenzione, va da sé che lo stesso discorso circa la mentalità statica e la mentalità dinamica riguarda gli stessi genitori, i *leader* e anche e soprattutto gli insegnanti nel loro approccio didattico ed educativo: gli insegnanti con una *forma mentis* statica creano un'atmosfera giudicante.

Un insegnante, un genitore che allena la propria mentalità dinamica, crede e mette in atto continue azioni di potenziamento delle abilità dei propri ragazzi. Instaura continue relazioni basate sul *rapport* ed è attento a stimolare i vari canali e differenti processi di apprendimento durante le lezioni o nelle interazioni. Variando approcci e metodi fornirà, anche in caso di valutazioni non proprio gratificanti, non giudizi ma bensì, solo *feedback*.

Chiave 2 - Rapport: come creare relazioni di reciprocità

Un supporto che ci viene dalla PNL, utile nella comunicazione e nelle relazioni e il *"rapport"*, inteso come un'abilità pratica nella costruzione di una relazione interpersonale che sia generativa. John Grinder, uno dei tre fondatori della PNL, definisce il *rapport* come la capacità di catturare e mantenere l'attenzione inconsapevole di un'altra persona. Una capacità, un'abilità, quindi un qualcosa che si può apprendere, allenare e farla diventare una modalità di comportamento.

Quando gli educatori, gli insegnanti, e gli stessi genitori, imparano a stabilire e mantenere una relazione fatta di empatia, di "inconsapevole" rispecchiamento e reciprocità con i ragazzi, ciò che può accadere è che si crei un sistema che diventa una sorta di ripetitore e di amplificatore emotivo e cognitivo, con la conseguenza di creare un ambiente di apprendimento che attiva il coinvolgimento degli studenti, a più livelli.

Allo stesso modo accade nell'indispensabile e fondamentale rapporto tra docenti e genitori, che molte volte difetta di alleanza e di riconoscimento di ruolo. Creare *"rapport"* presuppone prima di tutto "calibrare", ovvero, prendere le misure, mappare i segnali e la modalità comunicativa della persona che abbiamo difronte.

Quando parliamo di modalità comunicativa ci riferiamo all'insieme dei tre principali canali che noi tutti utilizziamo, contemporaneamente, per esprimerci quali:

- il verbale, e quindi il linguaggio, le parole che usiamo, i significati che attribuiamo, i contenuti e i valori che veicoliamo con il nostro parlare;
- quello gestuale, quindi la fisicità ovvero postura, gestualità, prossemica e anche fisiologia;
- quello para verbale, ovvero tono, ritmo, volume, pause, silenzi, acutezza o meno della voce, eccetera.

Perché è importante consapevolizzare questi aspetti? Perché più siamo consapevoli e attenti alla modalità comunicativa dell'altro e di quali sono le caratteristiche del suo modo di esprimersi, più noi potremo accorgerci in che cosa il modo in cui comunichiamo si differenzia dalla sua modalità.

Quindi, per poter rispecchiare l'altro, per poterlo ricalcare, per poter creare *rapport* avrò l'evidenza degli aspetti sui quali dovrò agire, per poter rimandare al mio interlocutore una relazione segnata dall'accordo, dalla somiglianza di questi tre aspetti (verbale, non verbale e para verbale) al fine di creare una relazione empatica percepita, anche inconsapevolmente, come profonda e piacevole dall'altro.

Significa, ancora, rimandare l'effetto del "come se" l'altro fosse davanti a uno specchio che gli rimanda la sua stessa immagine e la sua stessa modalità espressiva. Che sia lo studente, un genitore o chicchessia. Quindi, in sintesi, creare *rapport* ha a che fare con il rispecchiare il linguaggio corporeo, gli schemi di conversazione e anche la respirazione del proprio interlocutore.

Il fine, una volta creato questo stato di accordo, di intesa, consapevole o meno, è facilitare la comunicazione per agevolare e indirizzare la relazione verso un obiettivo, ecologicamente, predefinito.

Chiave 3 - Flessibilità comportamentale e stili di apprendimento

Stiamo vedendo quanti validi supporti all'insegnamento, in termini di approccio, di tecniche, di modelli e di strategie derivino dalla programmazione neurolinguistica definita, tra le tante possibili, come un modello di apprendimento accelerato che consente all'individuo di capire come viene elaborato (neurologicamente) il nostro pensiero e l'impatto che questo ha sul comportamento e nel processo decisionale.

Questo approccio può aiutare lo studente a diventare consapevole di come funziona il (suo) cervello in termini di apprendimento: come memorizza, come recupera le informazioni, quali sono le ancore più efficaci a fissare i contenuti e, quindi, come intervenire sul proprio metodo di studio, e più in generale sul proprio approccio, per raggiungere gli obiettivi che sono attesi e che lui si prefigge. Ed è anche un indispensabile strumento, a uso degli insegnanti, per strutturare lezioni interattive e gestire relazioni generative con la classe.

È ormai assodato che ogni studente apprende e immagazzina il contenuto educativo, quello che l'insegnante veicola, in modo assolutamente personale. Come accennato in precedenza, questo accade perché i canali sensoriali del nostro cervello vengono stimolati in maniera diversa, in relazione anche del bisogno e alla motivazione di ogni persona.

Durante i molti anni di *training,* prima in qualità di discenti e poi in qualità di formatori, modellando *trainer* di livello internazionale e i loro approcci di comprovata efficacia, un fattore di successo che abbiamo riscontrato essere ricorrente è la loro abilità di "svolgere" la lezione nella testa dei propri allievi e corsisti.

Ciò significa, nella pratica, stimolarli e coinvolgerli sul piano emotivo e immaginario aiutandoli a fare connessioni dirette con esperienze da loro vissute o creandone insieme di nuove, affinché la materia possa essere viva, tangibile e trovare riscontro nella quotidianità.

Differenti modalità di apprendimento

Ciascuno di noi, ogni giorno, è costantemente bombardato da migliaia di stimoli e informazioni che arrivano dal mondo esterno che coinvolgono e stimolano tutti i nostri sensi. Ci sono cinque modi principali attraverso i quali gli esseri umani fanno esperienza del mondo. Con l'eccezione di danni neurologici, noi possiamo vedere, percepire, udire, annusare e gustare.

Ognuno di questi *input* sensoriali coinvolge uno specifico luogo fisico nel nostro cervello al quale l'esperienza è inviata, processata e registrata. Questa assimilazione *dell'input* iniziale trasforma l'esperienza "oggettiva", esterna da noi, in qualcosa di diverso e soggettivo dallo stimolo originale.

Ciò che noi percepiamo sono, quindi, rappresentazioni o modelli di ciò che i nostri organi di senso ci trasmettono. Questi modelli individuali di assimilazione sono chiamati *sistemi rappresentazionali.*

Quindi, con il canale di ingresso (*input)* una persona incamera, incorpora ed elabora le informazioni dal mondo esterno e successivamente, crea la propria rappresentazione del mondo tramite la quale, poi, interagirà attraverso il suo comportamento e il suo linguaggio.

Queste informazioni vengono poi rielaborate nella nostra mente per tradurle in una descrizione linguistica, in sostanza nel nostro linguaggio, ed espresse, cioè portate fuori, molto spesso tramite un altro sistema, differente da quello di accesso, detto sistema rappresentazionale di comunicazione (*output*)*.

*Per un più ampio e dettagliato approfondimento dei sistemi rappresentazionali si rimanda alle risorse in coda al libro e allo studio approfondito dei testi riportati in bibliografia.

Prima di andare nel dettaglio ti invitiamo a considerare alcune indicazioni di base da tener ben presenti durante la lettura di queste pagine:

- tieni la mente aperta: etichettare le persone è pericoloso e inefficace da differenti prospettive; usa questo sapere per comprendere come esse organizzano le informazioni al fine di aumentarne scelte e comportamenti.

- La maggior parte delle persone utilizza, contestualmente, diversi sistemi rappresentazionali, anche integrati tra loro, a seconda del contesto nel quale si trovano, del loro stato emotivo e della situazione che stanno vivendo. Ciò che si è osservato è che sotto stress, tende a emergere il sistema rappresentazionale preferenziale.

- Considera le descrizioni che seguiranno quali ampie generalizzazioni di come le persone elaborano le informazioni e rispondono agli stimoli in base a uno specifico sistema rappresentazionale.

- I sistemi rappresentazionali non sono i cinque sensi, ma si basano su di essi, ovvero, al momento della rappresentazione nella elaborazione degli *input* ricevuti.

Andiamo adesso ad approfondire i sistemi rappresentazionali. Per facilitare la comprensione di come essi sono strutturati, andremo distinguerli in:

- Sistema Rappresentazionale Cinestesico;
- Sistema Rappresentazionale Visivo;
- Sistema Rappresentazionale Uditivo Digitale;
- Sistema Rappresentazionale Uditivo.

Sistema Rappresentazionale Cinestesico

Seppur i due sistemi rappresentazionali afferenti al gusto e all'olfatto, sono distinti e diversi da quello cinestesico, è consuetudine, per semplicità, includerli in quest'ultimo sistema. Le persone che hanno come sistema rappresentazionale primario quello cinestesico sono molto attente a quello che percepiscono "a pelle", ovvero alle loro sensazioni e all'effetto che le persone e le situazioni suscitano in loro.

Essendo questa la loro bussola, anche nella presa di decisioni, non hanno particolare difficoltà a manifestare e condividere il loro sentire e a riconoscere e rimandare quello altrui. Più che a come appaiono agli occhi degli altri, in termini di immagine, e quindi a fare bella figura, si focalizzano sul costruire una relazione sentita, partecipe e coinvolgente.

Si caratterizzano, infatti, per un approccio, prevalentemente, emotivo e sensibile. Ciò che ricercano è la praticità, sia nelle cose, che nell'abbigliamento del quale valutano la comodità dei tessuti, col rischio di apparire, talvolta, trascurati e noncuranti nell'abbinare i colori.

Sotto l'aspetto della comunicazione verbale, i cinestetici li riconosciamo dalla voce tendenzialmente calda, con un tono basso e accogliente. Il ritmo con il quale parlano è lento, con frequenti pause e silenzi. Questo è dovuto al fatto che la loro respirazione lenta, che parte dalla pancia, è diaframmatica, bassa e ampia.

Da un punto di vista fisico, i cinestesici si presentano "morbidi" nelle forme, con spalle spesso ricurve, muscolatura e addome rilassati, la gestualità avviene nella parte bassa, al livello della pancia ed è anch'essa lenta, armoniosa, fatta di ampi movimenti. Essendo molto in contatto con il loro sentire, con le proprie percezioni ed emozioni, i cinestesici apprendono facendo "esperienza" e apprendono bene e lentamente quando eseguono, quando si cimentano, praticamente, in prima persona.

Ad un alunno cinestesico, quindi, può essere utile fargli fare le cose rassicurandolo che l'errore, se dovesse sbagliare, non sarà discriminante. In termini di prossemica, per le persone cinestesiche, la distanza interpersonale potrà essere ridotta al minimo. Essi, infatti, non amano l'eccessiva lontananza fisica che, invece, trovano fredda e impersonale e che quindi, li fa sentire poco coinvolti.

Nelle relazioni i cinestesici prediligono quelle nelle quali percepiscono una parità tra gli interlocutori o, eventualmente, quelle nelle quali essi hanno un ruolo "subordinato". Questo perché essi non amano le luci della ribalta o essere al centro della scena. Quindi, anche in classe, quando c'è da esporsi o nelle situazioni di conflitto, di crisi, tendono a fare un passo indietro essendo più portati per ruoli di mediazione, di compromesso e diplomazia.

In una classe potrebbero essere coloro che, in caso di diatribe o di litigi fra compagni, fanno fatica a schierarsi apertamente da una parte o dall'altra, tenderanno, piuttosto, ad aspettare in disparte che il momento passi o a fare da mediatori proponendo soluzioni, al fine di portare tutti verso una decisione comune con la più ampia accettazione possibile.

Spunti di apprendimento per lo stile cinestesico

Le persone che hanno un sistema in prevalenza cinestesico, hanno una memoria "fisica" molto sviluppata e sensibile, apprendono rapidamente e in modo strutturato ciò che fanno mentre lo stanno facendo.

Di seguito riportiamo alcune strategie che voi genitori e insegnanti, potrete adoperare per facilitare vostro figlio, o un vostro alunno nel suo processo di apprendimento, quando vi accorgete che il suo sistema rappresentazionale primario è di tipo cinestesico:

- fargli sperimentare, "toccare con mano", concretamente, le materie in cui è possibile trasformare in pratica gli argomenti che deve studiare. Anche nelle materie più teoriche può essergli di aiuto trovare un modo per dare una forma e una "materialità" a quella teoria. Ad esempio, nelle materie tecniche fategli costruire plastici, anche con materiali di diverso tipo (cartone, stoffa, legno, plastica…) e modellini nelle scienze biologiche, fategli fare esperimenti di chimica o fisica, utilizzando differenti sostanze facili da reperire (acqua, olio, alcool, ecc.), al fine di evidenziare aspetti diversi dell'argomento trattato.

- Aiutatelo alternando i momenti di studio a quelli di pausa, facendogli cambiare, periodicamente, posto e attività, in modo da essere per lui evidente il cambio di stato. Lasciate che si muova, pur studiando anche in classe, compatibilmente con il contesto. Ditegli che può alzarsi in piedi, dondolare le gambe o persino camminare, finché non disturba gli altri compagni. Vi accorgerete di un miglioramento nelle sue prestazioni e nel suo rendimento.

- Fategli disegnare mappe concettuali, grafici, diagrammi degli argomenti che studia. Se le realizza personalmente sarà di certo più efficace perché nel farli imprimerà il significato di quel fare. Fategli dimostrare un principio, una tesi con esperimenti e test.

- Siccome nel sistema cinestesico, oltre al tatto, sono coinvolti anche i sensi dell'olfatto e del gusto potrà essere efficace, magari nelle scuole dell'infanzia e in quelle primarie, stimolare anche questi due canali in modo da sensibilizzarli e adoperarli come ulteriori strategie di apprendimento. Utilizzare quindi paste, DAS, plastilina colorate, tempere, profumi e gusti (limoni, arance, frutta in genere) che aiutino ad associare sensazioni, emozioni, argomenti e significati.

Un'attività per stimolare l'acuità sensoriale cinestesica

Gli studenti lavorano in coppia e scrivono alcune parole sulla schiena dell'altro con le dita. Per estendere l'esercizio, chiedi agli studenti di scrivere la parola che hanno capito sul retro di un'altra persona. Questo aiuterà a tradurre le percezioni cinestetiche nella comprensione del linguaggio scritto.

Come riconoscere nelle persone, la prevalenza del sistema rappresentazionale cinestesico

Di seguito una tabella di sintesi che ti aiuterà a mapparne gli elementi chiave:

S.R. Cinestesico

Voce: profonda, ritmo lento, tono basso e morbido, timbro grave, pause lunghe.

Respirazione: bassa, addominale, respiri ampi e profondi.

Gestualità: postura spesso con spalle ricurve, tonda e morbida, muscolatura rilassata e gesti lenti rivolti nella zona dell'addome, capo e occhi rivolti in basso. Quando parla tende ad avere i palmi delle mani rivolti verso l'alto, o braccia piegate e rilassate.

Accessi oculari: occhi in basso a destra, mentre parlano guardano in basso, e guardano gli altri "dal basso".

Prossemica: distanza ridotta al minimo, tendono molto a toccare e a stringere le mani. Apprezzano il contatto fisico.

Linguaggio: parole e predicati a valenza cinestetica, concreta.

Verbi: toccare, tastare, grattare, afferrare, accarezzare, manipolare, fare, forgiare, plasmare, ecc.

Aggettivi: morbido, ruvido, caldo, freddo, pesante, leggero, liscio, vellutato, avvolgente, ecc.

Espressioni: toccare con mano, mettersi in contatto, la pelle d'oca, avere un peso sullo stomaco, avere i piedi per terra.

Apprendimento: attraverso il fare, il toccare, lo sperimentare apprendono lentamente, ripetendo le azioni, scrivendo, facendo riassunti.

Abbigliamento: vestiti scelti con cura per la loro comodità, che li facciano sentire bene. Spesso tonalità calde o della terra.

Sistema Rappresentazionale Visivo

A differenza dei cinestesici, le persone che hanno come sistema rappresentazionale primario quello visivo, si approcciano al mondo per come lo vedono e per l'immagine che se ne fanno, immagini e visione a cui daranno maggior credito e sulle quali maggiormente struttureranno le loro credenze, convinzioni rispetto alle sensazioni che provano riguardo a esperienze, situazioni vissute e anche relazioni. Più statistiche concordano nel ritenere che i "visivi" costituiscono più del 63% della popolazione.

L'elemento caratterizzante del sistema rappresentazionale visivo è un forte senso dell'organizzazione e dell'ordine, motivo per il quale alcuni visivi possono essere molto controllanti, talvolta fino all'esasperazione. In termini di linguaggio, quello delle persone visive è scandito e ben definito, il loro tono di voce è alto e squillante, chiaro nell'espressione, così come la loro respirazione, concentrata nella parte alta del petto, tende ad essere corta, talvolta affannosa proprio perché hanno una parlata molto veloce, rapida.

In termini di postura e di fisicità le persone visive tendono ad avere un aspetto longilineo e dalla figura tesa, eretta con una gestualità molto accentuata, rapida e ampia che si svolge nella parte alta del petto.

Essendo guidati dalla sfera visiva, come conseguenza, anche l'immagine di sé che proiettano all'esterno sarà molto curata con particolare attenzione all'abbigliamento, ai dettagli, all'abbinamento dei colori e del tipo di capo indossato. La ricercatezza, la cura del dettaglio è una loro peculiarità.

Proprio per questo, anche la considerazione degli altri, quantomeno al primo approccio, passa per la valutazione dell'immagine che questi rimandano. Di conseguenza quindi, anche la propria immagine deve essere impeccabile, quasi a divenire essa stessa termine di paragone, il loro biglietto da visita.

Attenzione, non è (necessariamente) questione di vanità, estetica o superficialità come si potrebbe pensare, piuttosto proprio l'adozione di filtri, in questo caso, della sfera visiva. Se per i cinestesici, abbiamo detto, la distanza interpersonale deve essere ridotta al minimo, quasi annullata e il toccarsi è indispensabile, per i visivi, invece, la vicinanza eccessiva può generare reazioni di irrigidimento e fastidio.

Queste sensazioni non sono dovute a una questione personale, ma piuttosto al fatto che la troppa vicinanza riduce ovviamente la visione di insieme, anche dei dettagli ed è quindi, come se si impedisse loro di "guardare" la totalità della situazione da tenere sotto controllo, di mettere a fuoco e avere una visione da "grand'angolo".

Da buon osservatore, la persona con il sistema prevalente visivo prima di esporsi o di entrare in una discussione, si prenderà il tempo necessario per farsi un'idea del contesto, per analizzare la dinamica e prendere informazioni su quanto accade, per osservare le persone coinvolte e, solo dopo, deciderà di intervenire o meno.

Strategie di apprendimento per lo stile visivo

Concentriamoci ora sulla modalità di apprendimento di coloro che hanno come canale preferenziale quello visivo. Ebbene, mappando la realtà per immagini, ricorrente è in loro la capacità di schematizzare i concetti e ordinarli mentalmente per "etichette". Nello studio, tendono a sottolineare i testi dei libri spesso con differenti colori in modo da "ordinare" e semplificare l'esposizione.

Infatti, quando espongono, ad una interrogazione, in un seminario o altro, è facile osservare il loro sguardo rivolto verso l'alto come se in quel preciso momento stessero descrivendo o leggendo qualcosa che stanno vedendo.

Questo accade perché hanno una memoria fotografica molto sviluppata e quindi, durante l'esposizione è probabile che stiano visualizzando le pagine del libro dove è riportato l'argomento, con le loro colorate sottolineature, o richiamino alla memoria gli schemi e le mappe mentali che di quell'argomento hanno realizzato.

Di certo il canale visivo è quello che nelle scuole viene, se non involontariamente agevolato, di certo maggiormente sollecitato, poiché il metodo lettura-scrittura è preponderante e consente di imparare leggendo, in quanto gli studenti, nell'atto di memorizzare e poi recuperare i contenuti, è come se visualizzassero la pagina e "rileggessero" quanto scritto.

Alcune strategie, quindi, che possiamo adoperare per facilitare un alunno nel suo processo di apprendimento quando ci accorgiamo che il suo sistema rappresentazionale primario è di tipo visivo, possono essere:

- durante la lezione usare a supporto della spiegazione disegni, mappe multimediali in cui inserire parole-chiave o frasi in grassetto che lo aiutino a capire quali siano i concetti principali e a fissarli. Fare frequente ricorso a immagini, grafici, scritte per ricordare i termini e per riassumere il materiale da studiare.

- Utilizzare colori differenti sia nel testo, per evidenziare le parole-chiave, sia nelle mappe multimediali per differenziare i contenuti. Può essere utile associare ad ogni colore un grado di importanza del contenuto e anche un ordine temporale di esposizione.

- Fargli realizzare mappe concettuali di ciò che viene ascoltato o letto può aiutare il sistema visivo a fare ordine e a seguire un'esposizione logica oltre a risultare utili per il recupero dei contenuti. Una pratica efficace, particolarmente nei bambini, è quella di far creare loro le mappe concettuali o fatte con disegni colorati che rimandano agli argomenti, o con immagini di giornali e riviste da ritagliare e incollare, inerenti la materia che devono imparare. Così, oltre a divertirsi come se fosse un gioco, seguendo immagini e disegni, potranno esporre il discorso.

- Molto validi si sono dimostrati i supporti visivi: guardare video, film, presentazioni anche digitali, degli argomenti da apprendere oppure, guardare dei tutorial per imparare a svolgere mansioni e compiti pratici.

- Ordinare e catalogare i concetti anche con l'uso di foglietti adesivi colorati in base a una priorità o un loro ordine di esposizione.

- In classe, potrebbe essere utile farli sedere nelle prime file in modo da fargli avere il *focus* visivo sull'insegnante e non essere distratto dai movimenti dei compagni (nel caso fossero seduti nelle file posteriori).

Un'attività per stimolare nelle persone l'acuità sensoriale visiva

A coppie, a turno gli studenti chiudono gli occhi e descrivono al compagno un loro partner presente. Poi, aprono gli occhi per vedere se la loro descrizione corrisponde alla persona. Questo aiuta gli studenti a esercitarsi a notare le cose intorno a loro in modo più accurato.

Come riconoscere nelle persone, la prevalenza del sistema rappresentazionale visivo

Di seguito una tabella di sintesi che ti aiuterà a mapparne gli elementi chiave:

S.R. visivo

Voce: acuta, ritmo veloce, tono alto e chiaro.

Respirazione: alta, toracica, breve, poco profonda (affannosa).

Gestualità: postura diritta, esile, slanciata, gesti ampi e veloci rivolti verso l'alto, capo e occhi rivolti in alto, dito puntato e braccio teso.

Accessi oculari: occhi rivolti verso l'alto, sguardo defocalizzato, mentre parlano guardano dall'alto in basso.

Prossemica: distanza adeguata a un'ottimale visione di insieme dell'ambiente o dell'interlocutore. Minore sarà la distanza, maggiore potrebbe essere il fastidio/disagio percepito.

Linguaggio: parole e predicati a valenza visiva.

Verbi: vedere, immaginare, apparire, scomparire.

Aggettivi: luminoso, scuro, chiaro, brillante, lucente.

Espressioni: vedere tutto rosa, avere un punto di vista, senza ombra di dubbio, un approccio miope, un progetto nebuloso, dare un'occhiata.

Apprendimento: per immagini, visualizzando. Apprendono e dimenticano velocemente. Facendo mappe mentali molto colorate o schemi.

Abbigliamento: aspetto molto curato, considerano la propria immagine come rappresentazione della loro personalità.

Sistema rappresentazionale uditivo digitale

Il terzo canale di apprendimento afferisce al sistema rappresentazionale, cosiddetto, uditivo digitale. Questo sistema rappresentazionale presta maggiore attenzione alle parole e alle frasi che il proprio interlocutore utilizza e ad esse risponde. In termini statistici le persone con sistema rappresentazionale "uditivo digitale" sono percentualmente più numerose rispetto agli "uditivi".

Caratterizzato da un approccio molto cerebrale e articolato nel suo pensiero, l'uditivo digitale è catturato dalle informazioni, tante, diversificate e molteplici, è sedotto dal sapere e dalla conoscenza. Il canale di apprendimento utilizzato in prevalenza è l'ascolto. Egli impara partecipando, cioè ascoltando attivamente, a una lezione, a un seminario o assistendo a un dibattito del quale apprezza e registra nella sua memoria il contenuto, i termini specifici che vengono enunciati.

Una persona che starà comunicando in una modalità prevalente "uditivo digitale", durante un'esposizione o un'interrogazione fornirà dettagli, date e aneddoti che altri compagni, probabilmente non riporteranno. Questo è dovuto alla loro predisposizione per la completezza del discorso, che arricchiscono di informazioni approfondite utili ad una piena comprensione dell'argomento.

Anche la ricerca delle fonti, affidabili e certe, è una loro caratteristica che consente di fare confronti, approfondimenti e anche contestazioni, perché forti e sicuri del loro sapere. Il linguaggio di un "uditivo digitale" è ricco di predicati logici, fanno spesso riferimento alle fonti dalle quali hanno tratto le informazioni, riportano dati statistici a suffragare il loro punto di vista che è supportato dal ragionamento logico e puro.

Dal punto di vista della fisicità, somigliano un po' ai visivi, la postura tende ad essere rigida, i movimenti possono essere brevi e robotici. Del loro abbigliamento non curano particolarmente la forma, poiché la loro attenzione è prevalentemente rivolta al fatto che sia funzionale, pratico, utile: ad esempio scelgono abiti che tengano caldo quando fuori c'è freddo, e viceversa, giacche o pantaloni con molte tasche che possano contenere svariati gadget o utensili tecnologicamente avanzati.

Le persone con sistema prevalente "uditivo digitale" ascoltano attentamente ciò che le persone hanno da dire dando un peso rilevante al tipo di termini usati ed a come articolano il loro parlare. Spesso, soprattutto quando ascoltano, inclinano la testa per allinearsi alla linea dell'orecchio come a ricevere il suono più chiaramente.

Se con i visivi è opportuno, dicevamo, mantenere una certa distanza e con i cinestesici, invece, è preferibile la vicinanza, con gli auditivi la distanza fisica è relativa. Quello a cui però bisogna fare attenzione e al "non toccarli". Capita a tutti, mentre si è in gruppo e si chiacchiera, di tastare un braccio del vicino o mettergli una mano sulla spalla come a sottolineare quel che si sta dicendo.

Ebbene, toccare le persone che si stanno comportando in questa maniera, che stanno comunicando dalla categoria uditivo digitale, può essere controproducente poiché, per molti di loro, il tocco funge da sovrapposizione amplificando lo stato emotivo andando a interferire con la fluidità del loro processo mentale e, quindi, del loro discorso.

In classe, un'evidenza di quanto detto può riferirsi a quei ragazzi che, se interrotti durante un'interrogazione o un'esposizione, fanno poi fatica a riprendere il filo del discorso o sovente ricominciano a raccontare dall'inizio. Oppure, magari durante un compito, una prova scritta, si sentono bisbigliare perché sono lì a ragionare sottovoce o a dettarsi quello che devono scrivere.

Strategie di apprendimento per lo stile uditivo digitale

Vediamo di seguito quali possono essere i protocolli che facilitano un "uditivo digitale" nel processo di apprendimento:

- sollecitarlo a prestare attenzione alle spiegazioni in classe. Enfatizzare particolarmente le parole ed i concetti chiave.
- Rendere esplicito alla persona uditiva digitale che, in caso di concetti poco chiari, può fare domande o richiedere ulteriori

spiegazioni orali agli insegnanti, che sapranno fornirgliele con ulteriori, differenti, esempi e termini o consigliando loro ulteriori testi e fonti a cui attingere.

- Molto utile sarà per loro, verificando che ciò sia ammesso dalla scuola e dall'insegnante presente a lezione, registrare le lezioni (magari delle materie più complesse). Questo consente di avere l'opportunità di poterle riascoltare in contesti più riservati con maggiore silenzio e concentrazione.

- Favorire il supporto di audiolibri e audiovisivi o testi di approfondimento.

Un'attività per stimolare l'acuità sensoriale uditivo digitale

Gli studenti lavorano in coppia. A turno ciascuno racconta una storia o una propria esperienza vissuta, utilizzando in prevalenza un linguaggio ricco di verbi, aggettivi e predicati peculiari della modalità uditivo digitale (alcuni esempi li riportiamo nella tabella di sintesi che segue).

Come riconoscere nelle persone, la prevalenza del sistema rappresentazionale uditivo digitale

Di seguito una tabella di sintesi che ti aiuterà a mapparne gli elementi chiave

S.R. Uditivo digitale

Voce: stabile, ritmo regolare, costante, tono medio, mono-tono.

Respirazione: ristretta.

Gestualità: postura diritta, eretta, gesti ripetitivi e regolari, capo fermo, braccia conserte.

Accessi oculari: nella linea intermedia del viso, non cercano il contatto visivo. Sguardo alto, "oltre" il proprio interlocutore.

Prossemica: non sono influenzati tanto dalla distanza, quanto dall'essere toccati. Non amano il contatto fisico che, spesso, rappresenta un'interferenza o un'interruzione al flusso di pensiero/linguaggio.

Linguaggio: parole e predicati logici, eloquio ricercato, approfondito, tecnico. Frequente riferimento a dati, statistiche, ricerche, ecc.

Apprendimento: metodico. Seguono procedure, processi o schemi conseguenziali.

Abbigliamento: vestiario pratico e funzionale. Multitasche, molti gadget per essere preparati in ogni situazione.

Sistema rappresentazionale uditivo

Rispetto agli altri due canali, visivo e cinestesico, per questo sistema rappresentazionale bisogna fare una ulteriore distinzione tra sistema rappresentazionale "uditivo digitale" appena descritto, che si focalizza, abbiamo detto, sul significato delle parole e delle frasi pronunciate, dal sistema rappresentazionale "uditivo" (chiamato in alcune scuole o testi, "tonali") che, invece, pone maggiore attenzione, propriamente al suono delle parole adoperate, e ad esso dà credito.

Ebbene, in molti testi questi due sistemi vengono accorpati e, talvolta confusi, c'è da dire, tuttavia, che in alcune culture occidentali la proporzione degli uditivi sia relativamente ridotta rispetto a tutti gli altri sistemi rappresentazionali, per cui è più difficile desumerne accurate caratteristiche generali a loro riguardo.

Il canale di apprendimento utilizzato da questa modalità in

prevalenza è l'ascolto. Egli impara partecipando, cioè ascoltando attivamente, e in particolare pone attenzione alle modalità con le quali le informazioni stesse vengono enunciate. Infatti, da buoni uditori sono molto sensibili a cogliere le sfumature di toni, le variazioni dei volumi e anche le pause e i silenzi.

Nella gestione della distanza fisica, i "tonali" se come per i "digitali" tenderanno ad avvicinarsi per sentire meglio, tenderanno tuttavia a distogliere lo sguardo da chi parla, in modo da evitare di essere distratti, anche se più spesso durante l'ascolto, piuttosto che mentre parlano.

Strategie di apprendimento per lo stile uditivo

Vediamo di seguito quali possono essere i protocolli che facilitino un uditivo nel processo di apprendimento:

- enfatizzare e variare tono, ritmo del parlato, in modo da sottolinearne l'importanza degli argomenti trattati.
- Leggere e ripetere ad alta voce è efficace poiché aiutano lo studente uditivo ad ascoltare e ad ascoltarsi, a fissare così i concetti chiave.
- Favorire il supporto di audiolibri e audiovisivi.

- Studiare e lavorare in modo da verbalizzare a voce alta concetti appresi in classe o ripetere le lezioni per le interrogazioni.

Attività per stimolare l'acuità sensoriale uditiva

Dividere gli studenti in gruppi da 4/5 persone. Ciascuno, a turno, ad occhi chiusi, avrà il compito di riconoscere il timbro del suono del battito di mani di ciascun compagno. Questo esercizio allena gli studenti a sviluppare il sistema rappresentazionale uditivo di uno specifico suono in una stanza piena di altri rumori.

Come riconoscere nelle persone, la prevalenza del sistema rappresentazionale uditivo digitale

Di seguito una tabella di sintesi che ti aiuterà a mapparne gli elementi chiave.

S.R. Uditivo

Voce: ritmo regolare, costante e melodico.

Respirazione: centrale, nella zona intermedia.

Gestualità: movimenti fluenti, testa inclinata verso il basso, braccia incrociate.

Accessi oculari: nella linea intermedia del viso. Non cercano il contatto visivo.

Prossemica: non ha particolare rilevanza.

Linguaggio: tono a voce alta, ritmo armonioso.

Verbi: sentire, ascoltare, udire, bisbigliare, parlare, urlare, chiacchierare, ronzare.

Aggettivi: ritmato, scandito, parlante, melodioso, armonico, disarmonico, stonato, silenzioso.

Espressioni: mettere la pulce nell'orecchio, fare orecchi da mercante, avere voce in capitolo, parlar chiaro, stare sulla stessa lunghezza d'onda.

Apprendimento: ascolto, ripetizione orale.

Alla luce di tutto quanto sopra detto in merito ai sistemi rappresentazionali, ci preme ribadire fortemente che seppur vengono utilizzate espressioni quali i "visivi", gli "auditivi" o i "cinestesici" tale uso è funzionale alla loro comprensione.

Tuttavia, classificazioni come "la persona cinestetica", "il visivo" sono generalizzazioni esemplificative, didatticamente utili a comprendere le differenti categorie. Non esistono persone, esclusivamente, visive, cinestesiche, digitali o uditive.

Tutti noi utilizziamo, contestualmente, tutti i nostri canali di senso e ci rappresentiamo le informazioni attraverso i cinque sensi. L'obiettivo non è incasellare o classificare sé stessi, e gli altri, in tali categorie ma è un invito implicito a usare il processo per aumentare le proprie competenze circa i sistemi rappresentazionali meno sviluppati, così da raggiungere l'equilibrio tra questi sistemi stessi, sviluppando una maggiore flessibilità comportamentale e comunicativa.

Per individuare il sistema rappresentazionale a cui la persona attribuisce più valore, è certamente utile prestare attenzione ai predicati che questi utilizza per descrivere la sua esperienza. Infatti, nel raccontare la propria esperienza la persona opera delle scelte, di solito inconsapevolmente, relative alle parole che meglio rappresentano l'esperienza vissuta.

Tra le parole utilizzate, vi sono i predicati, cioè quelle parole usate per descrivere parti della situazione vissuta che corrispondono ai processi e ai rapporti dell'esperienza stessa. I predicati possono essere verbi, aggettivi e avverbi colti i quali, ci forniscono indicazioni del sistema primario che la persona sta attivando.

Per i genitori e gli insegnanti la conoscenza e l'attenzione ai sistemi rappresentazionali, di figli e alunni, può rappresentare un fondamentale contributo per lo sviluppo e l'applicazione di contenuti, secondo lo stile di apprendimento di ogni studente. In questo modo, il genitore potrà ampliare le modalità di approccio per stimolare adeguatamente la crescita del proprio figlio.

L'insegnante (o un formatore) avrà a disposizione molteplici modalità differenti per trasferire, in modo efficace, i propri contenuti, variando opportunamente il metodo di insegnamento, l'organizzazione del materiale didattico, le proprie lezioni, assicurandosi così di stimolare i diversi stili di apprendimento presenti in aula.

Nel paragrafo precedente, abbiamo parlato di *rapport* e della sua importanza. Ebbene, rispecchiare lo stile di apprendimento del proprio interlocutore e quindi criteri, regole, prossemica e gestualità è una ulteriore modalità per creare e migliorare il *rapport,* con conseguente aumento dell'efficacia sia comunicativa, che di risultato.

Chiave 4 - il feedback

Quando abbiamo trattato la chiave 1, abbiamo sottolineato quanto il nostro sistema scolastico, tranne alcuni casi rari e talvolta sperimentali, basi ancora la valutazione degli allievi, prevalentemente, su base numerica, assegnando voti. Ciò che accade è che si etichetta, si accorpa in un unico numero, da 1 a 10, la resa di un processo scritto o parlato, la qualità dello studio, l'esattezza e la completezza del discorso, e altri elementi.

Ebbene, quel numero messo così, diventa il valore, sterile, di un insieme di molteplici aspetti. Abbiamo detto, anche, che più che dare un voto o un giudizio, ciò che si è visto ha più efficacia ed effetto in termini di motivazione, impegno e risultati.

È invece la valorizzazione piuttosto del processo di studio sul metodo, sul quale è possibile intervenire in base anche a quello che abbiamo visto poc'anzi essere lo stile personale di apprendimento del ragazzo. Passare da un numero, un giudizio che a volte può essere interpretato come un valore assoluto, di "essere un 3 o un 7", ad un processo di miglioramento con un relativo piano di azione e di miglioramento.

Valorizzare, aggiustare, intervenire sul processo (di studio) senza andare a giudicare e colpevolizzare la persona, significa rendere anziché un giudizio, un vero e proprio *feedback*. Come insegnanti, è essenziale che il processo di *feedback* sia un'esperienza di apprendimento positiva, o quantomeno neutra, per lo studente. Invece, alcuni insegnanti pensano che dare un *feedback* debba essere necessariamente negativo e correttivo, perché questo è l'unico modo in cui uno studente imparerà.

Il *feedback* è qualsiasi risposta di un insegnante in merito alle prestazioni o al comportamento di uno studente. Può essere verbale, scritto o gestuale. Lo scopo del *feedback* nel processo di apprendimento è quello di migliorare le prestazioni di uno studente, di certo, non ostacolarlo. L'obiettivo finale del *feedback* è quello di stimolare negli studenti un atteggiamento del "posso farlo", con le dovute migliorie durante il processo.

Quando il *feedback* è prevalentemente negativo, gli studi hanno dimostrato che può scoraggiare lo sforzo e il rendimento degli studenti. Tuttavia, molte volte dobbiamo scavare in profondità per trovare una risposta di *feedback* appropriata che non scoraggi l'apprendimento di uno studente. Ed è qui che i bravi insegnanti, quelli che gli studenti ricordano per sempre in una luce positiva, fanno la differenza e si distinguono dagli altri colleghi.

L'insegnante ha la diretta responsabilità di alimentare l'apprendimento di uno studente e di fornire un *feedback* in modo tale che lo studente dinanzi a un voto o giudizio non soddisfacente, a una performance deludente, sia motivato, spinto e supportato ad attivare un processo di graduale miglioramento e avvicinamento al risultato desiderato.

Affinché l'effetto del *feedback* sia positivo e muova all'azione, è necessario che la sua "struttura" sia ben costruita e la consegna avvenga in tempi e modi curati. Essendo questo, uno "strumento" fondamentale e trasversale a differenti contesti, ambiti professionali e didattici, ne parleremo in maniera approfondita e nel prossimo capitolo dedicato ai contesti di business.

Un aspetto ti anticipiamo qui, che è fondamentale aver presente e ribadire: il *feedback* va in entrambe le direzioni (dal docente all'allievo e anche dagli allievi ai propri insegnanti) e come insegnanti è saggio non smettere mai di migliorare e affinare le proprie capacità di essere impattanti e "segnare" le menti dei propri allievi.

Chiave 5 - sviluppare flessibilità per creare ambienti fertili per le relazioni e per l'emersione del potenziale.

Parlando di *rapport* e dell'importanza di valorizzazione delle differenze abbiamo sottolineato quanto sia opportuno sviluppare una "flessibilità" non solo relazionale ma anche riguardo al modo di apprendere attraverso una serie di strategie diversificate, piuttosto che utilizzarne, rigidamente, una sola.

Questo ha a che fare con la cosiddetta legge della varietà indispensabile: come afferma Jerry Richardson nel suo libro "Introduzione alla PNL", l'individuo che sviluppa, allena e possiede la più ampia gamma di reazioni e di schemi di comportamento (varietà indispensabile) avrà sviluppato anche la capacità di poter facilitare la comunicazione e guidare gli altri nel processo relazionale, a differenza di coloro chè non avranno sviluppato tale varietà e che, quindi, potranno attingere ad una sola strategia di comportamento e reazione (abbiamo anche visto come questa capacità si connetta, fortemente, con lo sviluppo di una mentalità dinamica).

Ma come si fa a sviluppare la propria varietà indispensabile? Ebbene, per farlo occorre allenare due caratteristiche personali, ovvero, la consapevolezza e la flessibilità. La consapevolezza è qui intesa come la capacità di essere presente a te stesso in quel preciso momento, mentre sei in quella relazione con il tuo allievo o con tuo figlio, con l'altro. È accorgerti, essere consapevole, appunto, dello stato (emozionale) con il quale stai comunicando e quanto esso sia congruente con quello che vuoi trasmettere.

Inoltre, essere consapevole nel qui e ora, ti aiuta a capire se le cose che stai comunicando vengono accettate o rifiutate dal tuo interlocutore e questo è possibile calibrandolo, e calibrando le sue reazioni fisiche, fisiologiche, il suo linguaggio e la sua prossemica.

Così, se ti accorgi che il tuo modo di comunicare trova accoglimento, consenso ed è, quindi, per te efficace, allora puoi mantenere quel tuo stile comunicativo senza introdurre variazioni significative.

Viceversa, se calibrando ti accorgi dai segnali dell'altro al tuo parlare, che non c'è accordo e accoglimento, allora sarà necessario che la tua flessibilità ti porti a intervenire sulla tua modalità di comunicazione e variarla una, due, tre volte e finché i segnali che ti verranno rimandati dall'altro non saranno di accordo, di accoglimento, di allineamento. In poche parole, finché non avrai stabilito una relazione basata su quello che abbiamo definito, *rapport*.

Capita spesso, dinanzi alla resistenza e alla difficoltà di un figlio, di un allievo, che un genitore o un'insegnante si pongano, anche inconsapevolmente, in maniera, diciamo, rigida continuando a insistere con lo stesso approccio che non risulta essere efficace ai fini dell'insegnamento, spostando sul ragazzo la responsabilità del suo apprendere.

Purtroppo, perseverando, ciò che probabilmente se ne ottiene è solamente una crescita di quella resistenza iniziale del giovane, che a lungo andare si può tramutare in maggiore opposizione e chiusura alla materia e talvolta, a livello personale, anche nei confronti del genitore e del docente stesso.

Diversamente, imparare a sviluppare e allenare la flessibilità e quella che abbiamo chiamato varietà indispensabile, significherà avere a propria disposizione una molteplicità di alternative possibili, di ulteriori comportamenti e modalità alle quali attingere fino a trovarne uno, o più di uno, che funzionino e che "arrivino" a quella persona ai fini di parlare il suo stesso "linguaggio".

Così, allo stesso modo, integrando più modalità comunicative durante una lezione, significherà arrivare e catturare l'attenzione inconsapevole di un'intera classe perché sarà come se si stesse "sollecitando" e parlando a ciascun ragazzo, individualmente.

Quindi, da un lato consapevolezza e flessibilità, dall'altro ricorda che ogni qualvolta percepirai resistenza dal tuo interlocutore, anziché insistere rigidamente su un unico approccio e nella stessa modalità, aumenta la qualità del tuo *rapport,* calibrando e rispecchiando i suoi sistemi, i valori e il suo modo di rappresentarsi il mondo.

RIEPILOGO DEL CAPITOLO 2:

Che tu sia un insegnante, un genitore, un formatore o un trainer sei chiamato a fare la differenza, a distinguerti; e per fare la differenza non basta conoscere la materia, occorre conoscere le persone a cui dovrai rivolgerti: i tuoi figli, i tuoi allievi, i tuoi collaboratori e il tuo team.

- SEGRETO n.1: sviluppare un approccio mentale flessibile, da fisso a dinamico.

- SEGRETO n.2: la capacità di creare relazioni basate sull'empatia e la reciprocità.

- SEGRETO n.3: sviluppare l'abilità di modulare la personale modalità nel trasferire il proprio sapere, riconoscendo e utilizzando i diversi stili di apprendimento tramite i quali ogni persona incamera, incorpora ed elabora le informazioni.

- SEGRETO n.4: superare la cultura del voto e del giudizio, sostenendo piani di azione per il miglioramento continuo delle proprie performance.

- SEGRETO n.5: sviluppare flessibilità per creare ambienti fertili per le relazioni e per l'emersione del potenziale.

Capitolo 3:

Come sviluppare una leadership partecipativa

"...sono necessari leader che capiscano che essere cittadini significa essere responsabili di tutto ciò che accade intorno a loro nel loro paese..."

F. Pucelik

"Sono quello che sono per via di chi siamo tutti"

Ubuntu

Quando tutto cambia, cambia tutto. Oggi le organizzazioni stanno vivendo un periodo di grandi e veloci trasformazioni sotto diversi aspetti: tecnologico, politico, sociale ed economico e sempre di più veniamo, volenti o nolenti, invitati a sviluppare flessibilità comportamentale e cognitiva.

Passare da una mentalità statica, che resiste a ogni forma di cambiamento, che evita le nuove sfide, che ai primi errori abbandona subito in quanto visti come fallimento o che ignora le critiche costruttive vedendo il successo degli altri come una minaccia, una mentalità del "Si è sempre fatto così", del "Perché devo essere io a cambiare", del "Sono fatto così", ad una mentalità dinamica, che vede il cambiamento come opportunità per migliorare, che trova nella sfida e negli errori delle lezioni, insegnamenti per poter apprendere cosa è stato fatto che ha funzionato e cosa è stato fatto che va migliorato.

Una mentalità che percepisce le critiche costruttive come occasioni di crescita e che impara attraverso il successo degli altri. Una mentalità del "Non ancora" nel senso di "Non abbiamo ancora raggiunto l'obiettivo ma ci stiamo avvicinando". Passo dopo passo a ogni errore ed a ogni piano che non abbia funzionato del tutto. Una mentalità visionaria e pragmatica al tempo stesso.

Questo passaggio da statico a dinamico seppur comprensibile razionalmente per la "sopravvivenza della specie", è in qualche modo supportato e "spinto" dai nuovi strumenti tecnologici, che ci permettono di connetterci velocemente tra di noi, di far circolare velocemente le informazioni, di poter controllare con maggiore efficacia i processi, richiede tempo, cura e gestione di una fase che passa attraverso lo sviluppo delle nostre qualità umane.

I *leader* di oggi devono sviluppare una visione nuova del modo di guidare *team* e organizzazioni. In un'epoca come questa in continua trasformazione, è necessario che essi sviluppino empatia, ascolto, compassione, coraggio, umanità competenze che sono e saranno ancor più importanti nel prossimo futuro.

Queste, infatti, saranno le competenze chiave per potenziare lo stile di *leadership* e di *management* nella gestione delle organizzazioni e delle persone, per creare uno spazio fertile di ascolto e connessione, per permettere alle persone di esprimere il meglio di se stesse, per identificare i bisogni formativi dei propri collaboratori e per incoraggiarli. Fornire loro e richiedere *feedback* su processi e risultati, condividere le informazioni, coinvolgerli nei processi decisionali, promuovere opportunità di apprendimento continuo, creare un clima e una mentalità dinamica.

Uno stile di *leadership* orientata a sviluppare la nostra umanità per uscire dall'idea che nel nostro mondo odierno, a causa delle attuali difficoltà economiche e le incertezze sul futuro, non ci sia abbastanza posto per tutti. Una *leadership* che faccia comprendere che aiutando gli altri possiamo sia aiutare noi stessi, sia migliorare l'organizzazione e la comunità in cui viviamo (passare da una visione "o io o tu" a una visione di co-costruzione in cui integrare entrambe le visioni).

Coltivare l'umano, umanizzare l'uomo per uno stile di *leadership* collaborativo, innovativo, inclusivo e orientato al servizio delle persone, delle organizzazioni e della comunità in cui viviamo, per connetterci gli uni con gli altri sentendoci parte di un tutto e mai più soli o esclusi, riconoscendo in noi stessi e negli altri la nostra unicità e la bellezza delle nostre differenze.

Comprendere che il potenziale degli esseri umani che lavorano collettivamente per raggiungere gli obiettivi, è infinitamente maggiore del potenziale di qualsiasi individualità, con l'obiettivo di sostenere e accompagnare in questo processo di sviluppo e miglioramento i *leader* e i *manager* di oggi e di domani.

Abbiamo scritto questo capitolo con l'intento di fornire le cinque chiavi fondamentali per avere accesso ed espandere i talenti, le potenzialità e le risorse presenti in ogni membro appartenente a un'organizzazione, a un gruppo o a un *team*. Durante la nostra esperienza come *Trainer* e *Coach* in molteplici e diversificati contesti aziendali, abbiamo spesso notato che la maggior parte dei gruppi e dei *team* non esprime al massimo le potenzialità presenti così come potrebbero essere.

La gestione di un *team* o di un gruppo è un lavoro articolato e complesso che spesso mette a dura prova *team leader* e *manager* che, seppur molto competenti dal punto di vista tecnico, possono non aver ancora sviluppato quelle *soft skill* necessarie per la gestione dell'intero sistema e, allo stesso tempo, del singolo membro.

È quindi, necessario che accrescano essi stessi e aiutino a sviluppare a ogni membro del loro sistema abilità sociali, intelligenza emotiva e spirito di collaborazione. Prova a immaginare come sarebbe la tua vita lavorativa e quella degli altri se esistessero delle pratiche e degli strumenti in grado di aiutarti a sviluppare:

- Armonia: comprendendo come utilizzare i diversi modi che ognuno di noi ha di comunicare e di rappresentare la "realtà".

- Sostegno: sentendoti supportato, passo dopo passo, nel tuo processo di crescita e di apprendimento continuo.

- Produttività: velocità ed efficacia di *leadership* per ottenere di più con meno.

- Concretezza: sviluppando piani di azione.

- Appartenenza: sentire di occupare autorevolmente il proprio posto nel poter contribuire a un tutto più grande.

Una metafora molto diffusa, che abbiamo ripreso liberamente riadattandola secondo la nostra visione, che ben esprime e collega questi cinque elementi, che ci aiuta a comprendere come afferrare le redini della nostra vita professionale e aziendale, è la seguente:

"La nostra mano è composta da cinque dita, se prendiamo un

singolo dito ci accorgiamo che nessuno di essi è uguale all'altro, perché ciascun dito ha una funzione propria e specifica. Preso singolarmente la sua forza è notevolmente ridotta. Prese singolarmente le cinque dita sono vulnerabili, limitate nella loro funzione. Ma se queste dita si stringono in un pugno, si aprono ad accogliere, si intrecciano ad altre, trovano il modo giusto per competere, vincere, crescere e migliorare, allora queste cinque dita, così fragili individualmente, assumono una solidità senza eguali".

Approfondiremo, di seguito, il metodo delle cinque chiavi da utilizzare per aver accesso alle pratiche necessarie a sviluppare uno stile di *leadership* e di *management* efficace per la gestione delle organizzazioni, delle persone e dei *team*.

Prima chiave - Armonia

"La chiave per avere accesso al mondo degli altri, al loro modo di comunicare, di entrare in contatto con la "realtà", di pensare, sentire, agire e parlare".

A lavoro, in azienda, in ufficio è indispensabile saper costruire un clima armonioso, basato su rapporti positivi con i colleghi, i dirigenti e con i membri del proprio *team,* persone tutte appartenenti a uno stesso sistema che ha a cuore il perseguimento degli obiettivi dell'azienda e della sua crescita.

Se ci rifletti, gran parte delle nostre giornate le trascorriamo in ambienti di lavoro, con i nostri colleghi e dirigenti più che con la nostra famiglia. A volte, può capitare di collaborare con persone che non ci piacciono, dalle quali è difficile farsi capire o con cui magari condividiamo la scrivania ma che hanno un modo di comunicare o di lavorare molto diverso dal nostro e ciò può rendere difficile la "convivenza".

Una delle cause principali che, nelle relazioni sia personali che professionali rovina l'armonia è la difficoltà nel comprendere l'altro e farsi comprendere. È, quindi, di fondamentale importanza capire come instaurare buone relazioni.

Per far sì che questo accada potrebbe essere utile far nostri alcuni presupposti fondamenti da attivare quando interagiamo con gli altri e, soprattutto, con chi condividiamo la nostra vita lavorativa e familiare, giorno per giorno.

Il primo dei due presupposti che durante i nostri percorsi di *PNL Business* invitiamo a comprendere e ad adottare è: *la mappa non è il territorio.*

In PNL (acronimo di Programmazione Neuro Linguistica) si sostiene che tutti noi abbiamo la nostra personale visione del mondo e che questa visione è basata sulle mappe interne, che abbiamo costruito attraverso molteplici filtri (sensoriali, neurologici, culturali, fisici, ecc.), il linguaggio e i sistemi rappresentazionali sensoriali (vista, udito, tatto, gusto e olfatto), come risultato delle esperienze della nostra vita individuale.

Queste mappe "neurolinguistiche" potremmo rappresentarle metaforicamente come il nostro GPS di navigazione interno, che determina sia il modo in cui interpretiamo il mondo circostante e reagiamo ad esso, sia il modo con il quale attribuiamo un significato ai nostri comportamenti e alle nostre esperienze, più che alla realtà in se stessa.

Ogni essere umano è dotato di questo "GPS interno", della propria mappa, e ogni mappa è unica, legittima e valida. Ognuno di noi ha la sua personalissima visione del territorio che lo circonda. Ogni mappa è dotata di criteri, regole e convinzioni utili a rapportarsi con il mondo esterno, nessuna mappa è migliore di un'altra, ma alcune mappe potrebbero essere più utili e funzionali da utilizzare per affrontare o gestire situazioni specifiche, persone specifiche e in momenti specifici.

L'altro presupposto a cui facciamo riferimento e sul quale in aula, o nelle sessioni di *coaching* individuale, tendiamo a soffermarci è: *differenza uguale bellezza*. Ovvero considerare la caleidoscopica diversità che contraddistingue noi da ogni altra persona, un essere umano da qualsiasi altro essere umano esistente al mondo, al suo modo di agire e pensare è come un forziere dal quale attingere risorse preziose.

Riconoscere, apprezzare e saper cogliere la diversità dell'altro significa disporre di una cassetta degli attrezzi utile e necessaria per qualunque situazione. Perché ci consente di sviluppare l'abilità del pensiero laterale. Se *io* non riesco, se *a me* non arriva la soluzione a un certo problema, c'è *l'altro* che per sua naturale differenza da me ha un set di pensiero/comportamento differente, e che probabilmente processa quel problema a modo suo generando una possibile soluzione, valida anche per me.

Stare con le persone simili a noi di certo ci fa sentire capiti, riconosciuti e ci mette in uno stato di comfort, di sicurezza. Tuttavia, seppur utile e funzionale in alcune situazioni o ambiti, esso diventa la nostra zona di comfort che, se utile all'inizio, col tempo non è di aiuto né alla nostra crescita, né per sviluppare nuove potenziali abilità che in situazioni nuove e sfidanti per noi, possono rivelarsi invece più adeguate ed efficaci rispetto a quegli schemi di pensiero e di azione che utilizziamo solitamente, in maniera automatica.

L'incontro e l'interazione con un altro che ha schemi di pensiero e comportamenti diversi dal nostro ha come risultato l'allargamento della nostra zona di comfort. Cresciamo e impariamo da ciò e da chi è diverso da noi. Ognuno di noi è differente per cultura, visioni, comportamenti, valori. Ma essere differente non significa essere "contro". Anzi, sempre più spesso è un "aggiungere, mettere accanto" e quindi far crescere e ampliare il nostro set di abilità, competenze e modo di pensare.

Quindi, ogni qualvolta ci troviamo dinanzi a esperienze lontane dal nostro solito, a parlare con persone che a primo approccio ragionano in modo molto diverso dal nostro ebbene, dobbiamo diventare consapevoli che per noi è un'opportunità, perché ci dà modo di capire dove siamo resistenti, dov'è il nostro limite e, quindi, di fare un passo oltre, un po' alla volta.

Di seguito vi illustreremo uno tra i metodi più utilizzati in molteplici contesti organizzativi per descrivere le differenze di stile nella comunicazione umana.

Sviluppare armonia attraverso gli stili di comunicazione umana

Una prima chiave di lettura riguarda l'osservazione del vostro comportamento e quello degli altri affinché possiate sviluppare maggiore flessibilità comunicativa e maggior comprensione della bellezza delle differenze che contraddistinguono la nostra umanità. Il metodo si basa sullo studio delle tipologie di comportamento umano.

Già a partire dall'antichità si iniziò, infatti, a differenziare il comportamento delle persone in base a quattro temperamenti specifici (Collerico, Sanguigno, Flemmatico, Melanconico). Dalle osservazioni di Ippocrate, intorno al IV secolo a.C., fino ad arrivare allo psichiatra, psicoanalista e antropologo Carl Gustav Jung, pioniere della valorizzazione delle differenze e, poi, con la classificazione dei "Tipi psicologici" di William M. Martson che estrapolò il suo modello DISC (Dominante, Intraprendente, Stabile, Coscienzioso).

A questi si aggiunsero le ulteriori rielaborazioni sul lavoro di Jung da parte di Katharine Briggs e Isabel Myers con l'individuazione dei sottotipi, integrati con le ultime ricerche desunte dalle moderne neuroscienze (nella sezione dedicata alle risorse troverete una bibliografia dedicata a questo argomento).

Durante i nostri percorsi di *Empowerment Master Class* per il Business e la Comunicazione, insegniamo questo metodo quale valido e comprovato strumento che consente lo sviluppo di pratiche per l'apprendimento accelerato, la comunicazione efficace, la gestione dei colloqui e delle relazioni, l'organizzazione dei contenuti per riunioni efficaci, la gestione dei *feedback* e la costituzione dei *team* di lavoro performanti.

L'uso dei colori, la loro associazione e simbologia con le rappresentazioni, i ricordi, le emozioni che evocano in noi, rende il metodo estremamente facile, intuitivo e immediato. Un metodo semplice ma non semplicistico. Il metodo delle "quattro energie colore" ci aiuta a comprendere, a riconoscere e a connetterci efficacemente a questi quattro scenari aumentando l'efficacia comunicativa, relazionale e la produttività.

Di seguito vi mostreremo alcuni tratti caratteristici di questi stili comunicativi e comportamentali in cui potrete riconoscervi e riconoscere gli altri.

La nostra idea è quella di farvi fare un primo passo nella comprensione di questi quattro stili comunicativi che, metaforicamente, potremmo rappresentare come quattro regni o stati, che si differenziano in quattro colori ben specifici, dotati ciascuno di un proprio statuto nel quale sono sancite le norme di appartenenza, le regole alla base delle relazioni e della comunicazione interpersonale, ovvero:

- Principi generali.

- L'organizzazione del territorio.

- Le norme.

- Diritti, doveri e regole di convivenza.

- I criteri per l'ammissione ed esclusione da tale "regno".

In questo paragrafo vi forniremo una mappa, una mini-guida essenziale per aiutarvi a parlare e ad approcciarvi ai membri di questi quattro stati per farvi comprendere, comunicare, lavorare, gestire e relazionarvi in modo efficace.

Per lo studio invece, dei fondamenti teorici, i paradigmi di riferimento, le differenze e l'unicità che sono presenti in ognuno di noi, nell'ultimo capitolo troverete, come detto, molteplici risorse alle quali attingere che vi consentiranno non solo di approfondire ma soprattutto, di praticare e fare esperienza, confrontandovi direttamente con queste quattro modalità colore.

In bibliografia riportiamo, inoltre, diversi testi che trattano in maniera specifica l'argomento. Indicazioni di base da tener ben presenti nell'uso di questa mini-guida:

1. non esiste uno Stato migliore dell'altro, ogni Stato con le sue regole è espressione di un insieme di talenti da apprendere che possono risultare più o meno efficaci in determinate situazioni, contesti, persone e in un determinato tempo.

2. In quanto appartenenti al genere umano, il nostro stile comportamentale è formato da una percentuale di ciascuno di questi quattro Stati. In base a tale mescolanza e percentuale prevalente, sentite di appartenere di più a uno stile rispetto agli altri, utilizzando di più quei comportamenti.

3. È molto importante allenarsi a comprendere e "parlare" anche le altre lingue, questo vi aiuterà a sviluppare flessibilità e adattabilità agendo in maniera più efficace nei contesti più disparati e con le persone molto diverse da voi.

Andiamo adesso a vedere i dettagli specifici di questi quattro Stati:

1. Caratteristiche generali.
2. Stile di *leadership*.
3. Stile di collaborazione.
4. Come dare un *feedback* efficace.
5. Ambiente favorevole e comportamento sotto stress.
6. Comunicazione efficace, scritta e parlata.
7. *Empowerment.*

Troverete quattro schede riportanti una serie di caratteristiche, di principi guida che vi invitiamo a mappare, osservare negli altri, in termini di parole atteggiamenti, comportamenti e anche nel loro modo di relazionarsi. Ponete attenzione anche all'effetto che esse suscitano in voi perché può rappresentare anch'esso un elemento di assonanza o differenza rispetto al vostro stile colore.

Non sempre troverete in ogni persona tutti gli elementi descritti in una scheda colore ma, l'invito è andare a riconoscere gli elementi che si ripetono nel tempo, più di frequente, riconducibili a una specifica energia colore, nonostante il cambio di contesto, situazioni e, soprattutto, sotto stress.

Le 7 caratteristiche che puoi osservare e riconoscere in una persona che ha un'energia in prevalenza rossa

Profilo generale

Le persone che hanno un'energia colore prevalente rossa, mostrano un temperamento estroverso, diretto e risoluto. Sono rapide nel prendere le decisioni, anche quelle più critiche.

Protese al raggiungimento degli obiettivi, sono fortemente orientate all'azione e al compito. Cercano soluzioni pratiche, amano le sfide sono molto competitive. Tendono a fare commenti categorici su tutto e su tutti. Eccellono nelle emergenze per approccio e risolutezza.

Restare inattive per molto tempo è per loro impensabile. Stimolate dai ritmi sostenuti, esse sono impazienti, hanno sempre fretta di agire. Un loro must potrebbe essere "tutto e subito".

Territorio

Persone con un'alta energia rossa:

- Amano esercitare un'influenza diretta sulle persone e sugli eventi.

- Hanno un atteggiamento dominante e orientate al potere sugli altri.

- Sono focalizzate sul compito che devono svolgere.

- Tendono ad essere categoriche sulle questioni e a ragionare per bianco e nero, forti e deboli. Poche le vie di mezzo.

- Amano mantenere il controllo delle situazioni e cercano di nascondere la propria vulnerabilità.

- Consiglio: non invadete il loro territorio.

Predicati

Il linguaggio si caratterizza per frequente uso di termini come:

Sfida, soluzione, obiettivi, focus, ottenere, utile, azione, lotta, voglio, subito, controllo, rapidamente, riorganizzare, direttiva, volontà di ferro, assumere il comando, strategie. E interrogativi, quali: quindi? in pratica? e allora?

Apprendimento

- Siate pratici e mostrate loro l'utilità di ciò che stanno apprendendo.
- Siate essenziali e tralasciate i troppi dettagli.
- Dalla teoria passano immediatamente all'azione, sono interessate all'applicazione nel mondo reale.
- Tendenza a dare più giudizi che *feedback*.
- Fate una sintesi di ciò che avete trasferito loro.

Prossemica

- Contatto visivo diretto e persistente.
- Parlate a voce alta e chiara, guardatele negli occhi.
- Rispettate la distanza fisica che esse stabiliscono.

Voce

Il loro volume è di solito medio-alto o decisamente alto, è difficile non riuscire a sentirle. Il tono tende a essere medio alto, soprattutto, quando si lasciano trascinare dagli argomenti che stanno affrontando. Il tempo sarà veloce e il ritmo incalzante.

Postura

Hanno un aspetto esteriore estremamente forte, che a volte può risultare intimidatorio (consapevolmente o meno). Il corpo appare proteso in avanti, la postura è frontale. Quando parlano, guardano diritto negli occhi. La camminata è veloce, diretta e la stretta di mano è forte e salda.

Abiti

In merito alla scelta dell'abbigliamento e all'attenzione circa l'abbinamento di tessuti e colori, esse tendono al classico elegante, o se anche abiti *casual,* prevalentemente, costosi e di classe.

Le 7 caratteristiche che puoi osservare e riconoscere in una persona che ha un'energia in prevalenza blu

Profilo generale

Coloro che hanno un profilo colore in prevalenza blu si caratterizzano per un temperamento introverso, si mostrano obiettivi, analitici e molto concentrati sui fatti. Ben organizzati e preparati, sono affascinati dalle informazioni e dalla comprensione delle regole, norme e procedure, rappresentando per loro la strategia per svolgere le attività in modo giusto e fatte bene.

Sono inclini alla programmazione, perfezionisti. Attenti ai dettagli, hanno bisogno di portare a termine ciò che hanno iniziato. Amano utilizzare liste, tabelle, grafici. Si focalizzano sullo svolgimento dei propri compiti sul posto di lavoro, affinché sia di qualità.

Territorio

Sono amanti della riservatezza in quanto essa permette loro di ricaricarsi, di prepararsi alle interazioni con gli altri e di concentrarsi nel loro lavoro lontano da distrazioni. Tendono a mantenere separate le diverse aree della loro vita, anche le loro amicizie e conoscenze si differenziano a seconda che si tratti di ambiti di lavoro, tempo libero, familiari, ecc.

La loro scrivania è ben ordinata, così come la loro libreria e il desktop del loro computer. Estremamente riluttanti nel parlare dei propri sentimenti o delle faccende personali, amano la puntualità, l'ordine e avere le situazioni sotto controllo.

Predicati

Il linguaggio si caratterizza per frequente uso di termini come:

- sistematizzare, pianificare, analisi, organizzare, ordinare, qualità, standard elevati, procedure, dati, ci penso, prevedere, sicurezza, dettagli;
- la qualità è sempre più importante della quantità;
- è una continua analisi "costi-benefici".

Apprendimento

- Raccolgono tutte le informazioni disponibili, studiandole e approfondendole.

- Hanno la capacità unica di seguire un'istruzione alla lettera.

- Hanno sete di conoscenza e prediligono apprendere attraverso lo studio di libri, manuali di istruzioni, tutorial purché da fonti autorevoli.

- Preferiscono operare basandosi su un caso precedente, evitando le improvvisazioni.

- Attenti ai dettagli, prediligono l'uso di liste, tabelle, grafici, una componente importante per il loro apprendimento e per la loro organizzazione.

Prossemica

- Riservati e distaccati.

- Osservano attentamente gli altri a debita distanza.

- Approccio formale, distante, diffidente.

- Busto leggermente portato indietro.

- Utilizzano la distanza dall'altro per mantenere e sentire al minimo il coinvolgimento emotivo.

Voce

- La modulazione della voce è piuttosto monocorde.

- Volumi moderati e toni alti.

- Non lascia trapelare particolare emozione.

Postura

- Chiusa, rigida.

- Contatto visivo sfuggente.

- Aspetto longilineo e spigoloso.

Abiti

- Precisi e ordinati nel modo di vestire danno l'impressione di efficienza e ordine.
- Prediligono un abbigliamento classico e formale.
- Preferiscono abiti non appariscenti, discreti e, soprattutto, funzionali.

Le 7 caratteristiche che puoi osservare e riconoscere in una persona che ha un'energia in prevalenza gialla

Profilo generale

Le persone che hanno in prevalenza un profilo colore giallo mostrano un temperamento estroverso, dinamico e sono orientate alle relazioni. Emotive ed espansive, ottimiste ed entusiaste quasi in tutto, danno l'impressione di divertirsi continuamente in ogni situazione.

Il loro comportamento effervescente attira la gente. Infatti, si trovano a essere spesso al centro dell'attenzione. Si aspettano continuamente il meglio dalle cose, cercano per natura il divertimento, il gioco e amano stare con la gente. Loquaci, sono l'anima della festa. Attratte e stimolate da nuove idee, nuova gente e nuove esperienze, rifuggono il dolore e la tristezza.

Territorio

Persone con un'alta energia gialla:

- amano le relazioni sociali, conoscere nuove persone, divertirsi in compagnia;
- hanno un senso innato della teatralità e un'attrazione per il

centro della scena;

- molto curiose, non vogliono perdersi niente, passano rapidamente da una conversazione all'altra anche in molteplici argomenti. Vogliono sempre sapere tutto. I segreti le fanno impazzire.

- stringono amicizia con facilità, si mettono a parlare di tutto con chiunque sia disponibile.

Predicati

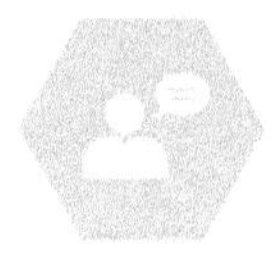

Il linguaggio si caratterizza per frequente uso di termini come:

- straordinario, curiosità, *multitasking,* fare tutti insieme, innovazione, novità, stupendo, fantastico, figata, coinvolgente, libertà, divertimento, wow, opzioni.

- "Ti spiego...", "Non sai cosa mi è successo", "Più siamo, meglio è".

Apprendimento

- Hanno uno stile di apprendimento dinamico, apprendono facendo, sperimentando, praticando.

- Hanno una mente, cosiddetta "scimmia" perché si sposta rapidamente da un'idea a quelle successive. Questo metodo di elaborazione mentale le porta a non rimanere focalizzate e concentrate, in quanto la loro attenzione a completare un compito viene sviata da un altro pensiero, impresa o persona stimolante.

Prossemica

- Persone molto calde e fisiche, tendono ad abbracciare, baciare, dare pacche e carezze ai loro amici;

- Ricorrono spesso al contatto fisico, anche mentre parlano o discutono;

- Tendono ad avvicinarsi alle persone con cui parlano.

Voce

- Parlano molto velocemente, volume alto, chiacchiera in continuazione.
- Il tono è alto e ricco di sfumature ed è abbastanza teatrale nelle interpretazioni.

Postura

- Solitamente, il viso è sorridente e molto espressivo.
- Occhi sgranati dal continuo stupore, come di esseri innocenti.
- Tendono a gesticolare molto, si muovono, ondeggiano, saltano, si dimenano gesticolano; hanno le mani in costante movimento, tamburellano con le dita, toccano di continuo.

- Faticano a stare per molto tempo ferme e in silenzio.

Abiti

- Hanno uno stile originale e di tendenza, sovente sono informali, estrose e appariscenti.
- Mischiano stili diversi e spesso utilizzano gioielli e orpelli vistosi o "rumorosi".

Le 7 caratteristiche che puoi osservare e riconoscere in una persona che ha un'energia in prevalenza verde

Profilo generale

Coloro che hanno in prevalenza un profilo colore verde, desiderano piacere agli altri e cercano di soddisfarne le necessità.

I "verdi" forniscono supporto, consigli e qualunque cosa ritengano possa servire a un'altra persona.

Mostrano una spiccata capacità intuitiva nel capire le esigenze degli altri e la disponibilità a dare loro ciò che serve. Fanno fatica a esprimere i loro bisogni, anche a se stessi. Molto empatici e responsabili, sono dei gran lavoratori.

Si infuriano quando gli altri vengono trattati ingiustamente e hanno difficoltà a dire di "no". Allo stesso tempo, si arrabbiano quando non vengono apprezzati. Valori umani, empatia, rispetto e armonia sono i valori che guidano il loro fare.

Territorio

Orientamento alla relazione, focus sugli altri. Amano trascorrere il proprio tempo libero con la famiglia, gli amici intimi o dedicarsi al volontariato. Amanti del contatto con la natura e degli animali. Sostengono e ascoltano attivamente gli altri partecipando emotivamente. Ricercano la sicurezza e il senso di appartenenza. Rifuggono dai conflitti e da persone avide e arroganti.

Predicati

Il linguaggio si caratterizza per frequente uso di termini come:

- rilassati, calma, molto equilibrate, pazienti, coerenti, tranquillità, armonia, metterci il cuore, aiutare, pace, armonia, accomodante.
- "Se non disturbo".
- "Figurati, non è un problema, sono a tua disposizione".
- "Posso aiutarti?"

Apprendimento

Per lo stile verde è importante comprendere il perché delle cose e, soprattutto, in che modo potrà servirsene per aiutare gli altri. Preferisce apprendere in piccoli gruppi attraverso il dialogo e l'interazione.

Prossemica

Amano le relazioni intime e profonde, il contatto fisico, la vicinanza e persino gli abbracci, se il contesto lo permette.

Voce

Il volume della voce è medio-basso, indice della sua volontà di essere accogliente, di dialogare piuttosto che discutere. Il tono di solito è basso, caldo, e questa particolarità dà l'impressione di essere persone tranquille e pacate. Il tempo dell'eloquio è moderato, lento. Le pause saranno esitanti a riprova che stanno soppesando le parole.

Postura

- Corpo e atteggiamento sono rilassati.

- La gestualità è lenta e non particolarmente evidente.

- Fisicamente tende a occupare poco spazio, ha una stretta di mano, accogliente, morbida e discreta.

Abiti

- Abbigliamento comodo e informale.

- Poco attento all'immagine che rimanda e alla cura dei dettagli, piuttosto alla comodità, alla piacevolezza e al contatto con la pelle.

Stile di leadership

In questo paragrafo faremo un *focus* sul come i quattro stili comunicativi esprimono la propria *leader* in termini comportamenti e nella gestione dei *team* e collaboratori.

Non esiste uno stile di *leadership* migliore di un altro, ma l'efficacia di uno rispetto all'altro varia a seconda di un determinato contesto, un obiettivo da raggiungere o del rapporto che si vuole stabilire con il proprio *team*.

Pertanto, apprendere come diversificare il proprio stile di *leadership* ci aiuta a essere più performanti verso i risultati da conseguire, nella guida e consolidamento del *team*.

1. Rosso

- Agisce in maniera veloce, determina la direzione.
- Diretto e franco, a suo agio nell'impartire ordini.
- Dirige gli altri.
- Decisioni rapide.

Nel dirigere un team

Ama prendere in mano situazioni caotiche e fuori controllo e sistemarle rapidamente. Sprona sia sé stesso che la squadra a eseguire un lavoro straordinario, apprezza l'intensità di lavorare insieme, e in modo indipendente, per riuscire a eseguire un lavoro o raggiungere un obiettivo, al di là di ogni aspettativa.

2. Blu

- *Leadership* attenta e ponderata nel prendere le decisioni.
- Ama regole e procedure ben precise, standard elevati.
- Rispettoso per gli impegni presi.
- Affidabile e coerente.

Nel dirigere un team

Apporta il proprio orientamento analitico e logico al *team,* costruendo degli obiettivi di squadra precisi e concreti, dove a ogni componente del *team* viene affidato un ruolo specifico con delle chiare responsabilità. Fa del suo meglio per costruire processi di lavoro razionali, coerenti e che permettano all'intero *team* di utilizzare in modo produttivo il proprio tempo.

3. Verde

- Abile ad aiutare ogni dipendente a restare focalizzato e allineato agli obiettivi di ruolo sia individuali, sia di squadra, che dell'azienda.
- Tende a essere un accurato valutatore delle aree di forza e delle aree da sviluppare ed è bravo ad aiutare gli altri a trovare i propri talenti.
- Perspicace e intuitivo.

Nel dirigere un team

Il *leader* verde è visionario e abile a guadagnarsi l'appoggio altrui, per lui le persone vengono al primo posto. La sua *leadership* è democratica. Si concentra su tre aree specifiche:

- valutazione, motivazione e sviluppo professionale dei componenti del *team;*
- creazione di una cultura positiva basata sulla squadra;
- sviluppo di processi organizzativi volti al raggiungimento degli obiettivi ma senza soffocare la creatività e l'iniziativa individuale.

4. Giallo

- Visionario, flessibile, innovativo e strategico.
- Include gli altri e incoraggia la partecipazione. Abile nel *multitasking*.
- Stimolato dal quadro di insieme, preferisce occuparsi della macro pianificazione e lasciare ad altri i dettagli.

Nel dirigere un team

Promuove culture di *team* energiche, stimolanti, rapide, considerando tutti i membri del *team* come eguali, per cui, ogni singolo individuo ha il diritto di esprimere un'opinione. Il *leader* giallo si aspetta che ogni componente apporti delle idee, dica cosa ha in mente, e fornisca risultati di alta qualità. Per il giallo troppa struttura o troppi processi limitano la sua libertà di pensiero e di movimento.

Stile di collaborazione

Qui di seguito andremo a mappare gli elementi che caratterizzano il comportamento delle persone che hanno uno dei quattro stili prevalenti quando sono in un rapporto di collaborazione o subordinazione o quando fanno parte di un *team* o di una squadra.

1. Rosso

- Bravo nel portare a casa il risultato da solo, tende a sorvolare i dettagli e a prendere delle scorciatoie. Se qualcosa va storto tende a scaricare la colpa su qualcun altro.

- Rispettoso del ruolo e delle gerarchie quando ne riconosce capacità e autorevolezza, altrimenti tende a essere sfidante e ad assumere la guida.

2. Blu

- Metodico, ama i compiti ben definiti con un programma del "chi fa cosa" e tempi ben prestabiliti in modo da sapere quello che ci si attende da lui. L'affidargli ruoli generici o privi di mansioni specifiche, come pure fornirgli informazioni incomplete o imprecise può generare in lui forte stress, con conseguente irrigidimento e procrastinazione nel rispetto delle scadenze, dovuta alle continue e ripetute verifiche.

- Preferisce lavorare da solo in ambienti riservati che ne favoriscono la concentrazione.

3. Verde

- Affidabile, tollerante, diplomatico, è un ottimo giocatore di squadra a cui piace lavorare per il bene comune.

- Gentile, generoso, umile, inclusivo.

- Il suo senso di benessere e di calore attira gli altri verso di sé.

- Ha un talento innato per svolgere tutte le attività che sono di aiuto agli altri.

- In situazioni di confronto acceso o di conflitto fanno fatica a esprimere il loro pensiero in modo aperto e diretto.

- In un *team* tende a essere "a disposizione" e a prendere le difese di coloro ai quali, ritengono, sia stato fatto un torto.

4. Giallo

- In un *team,* è l'animatore e il motivatore che influenza col suo ottimismo l'intera squadra. Per questo suo dinamismo, la frenetica energia e la difficoltà a stare "sul pezzo" per troppo tempo, sono da preferirgli compiti a breve/medio termine che porta avanti con dedizione.

- Poco affini a seguire protocolli o procedure troppo articolate o di dettaglio e al rispetto della puntualità, di consegne e scadenze.

Dare un feedback efficace

Come strutturare un *feedback* efficace lo vedremo nel dettaglio nel paragrafo ad esso dedicato. In questo ci soffermeremo sugli elementi distintivi di ciascuno stile colore, affinché nel consegnare loro un *feedback,* esso possa essere accolto con maggiore aperura ed efficacia.

1. Rosso

- Siate diretti senza tergiversare, non amano giri di parole.
- Tono fermo nel comunicare e non tenere nascoste nemmeno le informazioni più spiacevoli.
- Definite obiettivi chiari, specifici e sfidanti.

2. Blu

- Preparate l'incontro. Siate chiari e schietti, fornite loro esempi concreti sul loro operato.
- Mantenete un approccio formale e razionale.
- Lasciategli del tempo per riflettere.
- Argomentate usando la logica e non con le emozioni.

3. Verde

- Pur essendo diretti e chiari, utilizzate toni e modi accoglienti, qualunque sia il contenuto del *feedback*.
- Portate esempi concreti di quel che gli rimandate.
- Per non toccare la sua "permalosità", sottolineate che la critica non è alla sua persona, bensì al suo specifico agire in "quello specifico momento".

4. Giallo

- Fornitegli esempi concreti e assicuratevi che abbia riconosciuto e accettato ciò che dite, poiché se un problema secondo lui non esiste, non si sforzerà di risolverlo.
- Assicuratevi che vi stia ascoltando e spiegategli che non

state criticando la sua persona ma il suo comportamento.

- Fatevi una lista per punti per non perdere la direzione durante le sue più disparate azioni di autodifesa.

Ambiente favorevole

Ogni stile colore dà il meglio di sé ed è performante quando sono create le condizioni ambientali e relazionali, specifiche e peculiari di ogni stile. Vediamo quali sono, quindi, gli elementi che contribuiscono a creare un ambiente proficuo e produttivo.

1. Rosso

- L'ambiente ideale è quello nel quale potersi attivare con sfide continue e nuove avventure, dove poter scoprire nuovi territori e mercati o dove competere e vincere. Un ambiente dove crescere a seguito dei risultati che ha raggiunto rivestendo posizioni di comando e controllo.
- La sua stanza o la scrivania saranno funzionali, senza eccessi, ma con sfoggio di titoli alle pareti, premi e riconoscimenti ottenuti o di foto di grandi eventi o in compagnia di personaggi noti.

2. Blu

- Preferisce un ambiente stabile riservato e ben strutturato.

- Un luogo di lavoro ideale è dove riceve chiare istruzioni su ciò che ci si aspetta da lui e nel quale non gli si fa pressione.

- Meno è distratto da interferenze esterne e interrotto continuamente da colleghi, più sarà produttivo e il suo lavoro di qualità. Luoghi come ad esempio gli *open space,* sono quelli, per loro, meno congeniali.

3. Verde

- Un ambiente tranquillo e informale, nel quale il ritmo di lavoro procede in modo costante.

- Un ambiente collaborativo, dove il confronto è rispettoso degli altri e delle diverse opinioni.

- Dove dare e ricevere *feedback* assicurando così di vedere riconoscimento il proprio operato.

4. Giallo

- L'ambiente favorevole è solare e dinamico, dove vengono continuamente create nuove opportunità ed è coinvolto e stimolato da progetti, da nuove relazioni e dove poter conoscere persone sempre nuove.

- Un *open space* che gli consenta di parlare e vedere tutti, è l'ideale per lui.

Sotto stress

Nella tabella seguente riportiamo il comportamento che potremo vedere in ogni stile colore quando esso si esprime "sotto stress", causato da interferenze interne ed esterne, da stati emotivi, pensieri, ecc.

1. Rosso

La mancanza di risultati, il prolungarsi di tempi nel raggiungere risultati e obiettivi, dialoghi prolissi e inconcludenti possono provocargli un livello di stress moderato portandolo ad assumere comportamenti che possono risultare pressanti, aggressivi e tirannici.

Sbraita, rimprovera e tende comportarsi in modo prepotente e irritabile. All'aumentare dello stress, il rosso esce di scena, si ritira con dignità e alterigia.

2. Blu

Ansia e stress possono essere frutto del dover prendere decisioni rapide magari con poche informazioni a disposizione e indicazioni su come agire, anche aggravate da pressioni da urgenza.

Sono queste situazioni che lo rendono iper controllante, rigido e puntiglioso. Mancanza di pianificazione, cambiamenti improvvisi e repentini lo demotivano.

3. Verde

Ambienti di lavoro conflittuali o particolarmente competitivi. Tempi e ritmi di lavoro incalzanti o l'essere coinvolto e il doversi schierare, contro o a favore, possono indurlo a chiudersi e ritirarsi. La sua eccessiva sensibilità può portarlo a prendere tutto sul personale e ad essere particolarmente sensibile alle critiche.

Facilmente scivola nel ruolo di vittima e nell'immobilismo,

iniziando a lamentarsi senza poi mettere in moto i cambiamenti necessari per risolvere i problemi. Sotto stress eccessivo tende a cadere nell'indecisione, a procrastinare e a ignorare il problema.

4. Giallo

Ambienti di lavoro troppo formali e strutturati, attività e compiti ripetitivi con regole rigide, protocolli e procedure da seguire sono fonti di stress per un giallo.

Se messo alle strette da scadenze troppo rigide, da atteggiamenti controllanti sul suo operato o sulla sua gestione delle cose, diventa irritabile e irritante, oltre che intransigente. Cresce, come reazione, la sua vaghezza e dispersione, attivando un comportamento evitante.

Comunicazione scritta e parlata

Vediamo adesso quale è la forma di comunicazione, sia scritta, sia parlata più adeguata per ciascuno stile comunicativo in termini di chiarezza ed efficacia del messaggio.

1. Rosso

- Usate un linguaggio concreto, pratico. Andate direttamente al sodo.

- In contesti professionali, centrate direttamente al cuore del business.

- Concentratevi sugli obiettivi e sui vantaggi di cui può beneficiare grazie a voi, al vostro servizio o prodotto.

- Evitate di dargli consigli o indicazioni su cosa dovrebbe fare o no.

- Parlate di fatti e risultati. Evitare dettagli se non richiesti.

- Scrivete e-mail brevi. Siate sintetici e arrivate subito al punto.

- Inserite nell'oggetto il risultato, la richiesta specifica, il vantaggio che ne trarrà.

- Informazioni complete, concise, dirette o orientate all'azione.

- Adoperate un linguaggio, parole, predicati che rispecchino i termini che abbiamo indicato nella scheda precedente, che caratterizzano questa energia colore.

2. Blu

- Siate formali nella forma e nel contenuto.

- Dimostrate la vostra competenza con opportuni riferimenti a dati e fonti certe.

- Mostrate dati, fatti, referenze.

- Siate pronti a offrire loro, maggiori dettagli e informazioni.

- Evitate racconti prolissi di dettagli non attinenti al tema, frasi con periodi brevi, sintetici.

- Siate schematici.

- Nelle comunicazioni scritte adoperate elenchi puntati o numerati.

- Definite e concordate bene i tempi di consegna.

- Mettete per iscritto consegne, compiti, accordi e condizioni al fine di rassicurarlo sulla qualità della sua scelta.

- Lasciate del materiale cartaceo (o allegati alle mail) che gli consentano di approfondire, studiare, e meglio valutare, la vostra proposta.

3. Verde

- Siate onesti, schietti, accoglienti e collaborativi.

- Fategli sapere che ciò che fa è di aiuto agli altri.

- Dategli tempo per rispondere alle vostre domande, non siate pressanti.

- Rivolgetevi a lui con toni pacati, accoglienti e cordiali.

- Scrivete e-mail usando toni amichevoli e premurosi, aprendo con contenuti dall'aspetto relazionale e dopo introdurrete compiti, richieste di lavoro.

- Evitate toni sgarbati, di mettere pressione o urgenze.

- Rispettate i suoi ritmi.

- Piuttosto che essere impositivi nel chiedergli di svolgere un determinato compito, formulate la vostra richiesta come necessità di un suo aiuto, contributo a portare avanti e completare il lavoro.

4. Giallo

- Siate spontanei, semplici, amichevoli.

- Rendete la conversazione o l'incontro piacevole, tenendovi aperti a conversare di molteplici argomenti, anche diversi dal tema dell'incontro.

- Inviategli email poco formali. Sono ammesse anche qualche

battuta o emoticon.

- Ponetevi con atteggiamento sorridente, ironico e scherzoso.
- Nell'affidargli compiti con scadenze eccessivamente lunghe assicuratevi di inserire *check* intermedi che lo tengano sul compito poiché tende a distrarsi a seguito di ulteriori nuovi stimoli.

Empowerment

Definire gli assi di miglioramento di ciascuna energia colore, allenando e potenziando le abilità peculiari e quelle meno. Agite di ciascuno stile al fine di armonizzare la comunicazione e i rapporti interpersonali, nel privato e nel business, per facilitare la comunicazione tra i singoli membri di un *team,* riconoscendone e valorizzandone le differenze, al fine di renderli più performanti e coesi.

1. Rosso

- Migliorare la capacità di ascolto.
- Ridurre il giudizio o il pre-giudizio verso l'interlocutore.
- Ascoltare senza interrompere il discorso dell'altro.

- Prendere in considerazione le soluzioni altrui prima di offrire subito le proprie.

- Considerare il punto di vista degli altri ritornando anche su decisioni già prese.

- Accettare le piccole sconfitte, celebrando le vittorie altrui.

- Rispettare i ritmi e i tempi di lavoro e di decisione degli altri.

- Lasciare che sia qualcun altro a scegliere.

- Fidarsi e affidarsi, migliorando il processo di delega.

2. Blu

- Allenarsi alla visione di insieme oltre al *focus* sui dettagli.

- Lasciar andare il controllo a piccole dosi.

- Delegare.

- Allenare l'ironia, fare scherzi e battute.

- Assumersi dei rischi.

- Agire senza necessariamente aver previsto tutto in ogni dettaglio.

- Dare credibilità e fiducia ai colleghi.

- Ridurre le distanze fisiche tramite abbracci, pacche sulle spalle, ecc.

- Ogni tanto recarsi al lavoro in abiti informali e comodi.

- Accettare le piccole o innocue imperfezioni.

3. Verde

- Migliorare la propria assertività.

- Concentrarsi sugli obiettivi di lavoro quanto sulle persone.

- Avere il coraggio di dare brutte notizie.

- Non sovraccaricarsi dei "compiti" altrui.

- Imparare a dire di "no" e chiedere con chiarezza ciò di cui ha bisogno.

- Sviluppare quella distanza, che non vuol dire distacco, nelle relazioni, che gli consenta di non assumersi un carico eccessivo di emozioni e problemi altrui.

- Chiedere aiuto quando in difficoltà, anziché cercare di risolvere tutto da solo.

- Essere più visibile, rendendo evidente il proprio operato.

4. Giallo

- Definire e mantenere il focus sulle priorità.

- Farsi un programma delle attività e seguirlo senza eccezioni.
- Completare un compito, un'azione prima di iniziarne un altro.
- Ridurre le interferenze e le distrazioni.
- Evitare di "pensare" ad alta voce o rivolgersi al collega ad alta voce da una scrivania all'altra.
- Eseguire compiti assegnati senza apportare modifiche personali, non richieste.
- Chiedere istruzioni, tempi e procedure prima di iniziare nuove attività.
- Fare pulizia di armadi, scrivanie e cassetti, buttando il superfluo e l'inutile.

Ricorda...

- per creare armonia all'interno di organizzazioni e i membri di un *team,* consulta le schede di questo paragrafo per riconoscere e comprendere le differenze comunicative tra le diverse persone, valorizzandole, in quanto risorse utili ad affrontare efficacemente, le sfide che si presentano;
- rendi più efficace la tua comunicazione, scritta e parlata,

seguendo le indicazioni riportate nelle schede. Otterrai di più, investendo di meno in termini di tempo, fatica ed evitando le eccessive rilavorazioni;

- gestisci in maniera efficace, o riduci le criticità e i possibili conflitti allenando la tua abilità di negoziatore;

- crea *team* più coesi e performanti, valorizzando le abilità e i punti di forza specifici di ogni stile comunicativo, presenti nel tuo *team;*

- informa gli altri su quale sia il modo più opportuno per comunicare con te;

- una volta apprese le specifiche comportamentali di ciascuno stile colore, ti sarà più facile creare *rapport* con loro, facilitando la comunicazione e le relazioni.

Seconda chiave - Sostegno
Diffondere la cultura del feedback

In ogni organizzazione capita che le persone sbaglino, commettano errori anche gravi nelle procedure, nella gestione dei propri compiti di ruolo o nel coordinamento di colleghi e *team.* Rispetto a queste situazioni un *leader* è chiamato, ed è giusto che ciò accada, a "riprendere" la persona che commette l'errore.

Ciò che fa la differenza, in questa azione, sono l'intenzionalità e la modalità con le quali si "corregge". Ed è questa una differenza sostanziale e fondamentale ai fini della reazione di chi viene corretto e gli effetti che si generano.

È fondamentale che i *leader* sappiano dare un *feedback* costruttivo, che venga percepito come un'opportunità di crescita per migliorarsi, e non come una critica che insulta la persona. Dare un *feedback* professionale fa vedere ogni situazione come un successo raggiunto o come un'opportunità di imparare e avere successo nel futuro.

La vera ricchezza delle aziende sono i loro dipendenti. Essi sono ancora il fattore chiave per il successo di ogni organizzazione, e far sì che si sentano partecipi e parte integrante dell'azienda stessa è il segreto per creare un *team* ad alte prestazioni. L'importanza di mettere al centro i propri dipendenti è uno dei processi su cui investire per avere successo.

Diffondere la cultura del *feedback,* è diventato oggi un dovere per le organizzazioni che voglio crescere e posizionarsi come modelli di azienda *leader,* per gestire in modo più veloce ed efficace le innovazioni e i cambiamenti continui o le crisi che possono verificarsi.

Organizzare i processi interni in modo che ciascuno sia portato a dare il meglio di sé, rappresenta un fattore di successo in grado di orientare il sistema azienda verso un modello di apprendimento e miglioramento continuo, votato al dialogo, con il conseguente effetto in termini di chiarezza dei ruoli, di soddisfazione lavorativa e di crescente impegno, diffondendo in questo modo un maggior senso di sicurezza e fiducia interno ed esterno all'azienda.

Passare dalla cultura del sospetto e del giudizio, in cui il collaboratore-dipendente deve essere controllato per assicurarsi che faccia il suo lavoro e giudicato per come lo fa, alla cultura del sostegno e del nutrimento reciproco nel quale il collaboratore-dipendente è parte attiva del processo di miglioramento, orgoglioso e fedele di appartenere alla propria azienda.

Abbiamo elaborato e strutturato i prossimi paragrafi di questo capitolo riportando, e rispondendo, alle domande più frequenti, che ci vengono poste da *manager* e *team leader,* durante i nostri *training di leadership* e *team coaching,* in merito alla gestione e alla diffusione della cultura del *feedback* in azienda.

1. Quali sono gli elementi da tener presenti al fine di maturare una mentalità aziendale orientata alla cultura del *feedback?*

Diffondere la cultura del *feedback* è un lavoro sistemico. È un processo che coinvolge, attivamente, tutti i livelli di un'azienda e non riguarda il singolo *manager* o la singola persona, perché stiamo costruendo una rete che tramite le sue maglie, garantisce supporto alle sue diverse interconnessioni. Un supporto orientato ad Ascoltare, Motivare, Influenzare e Cooperare.

Pertanto, è importante creare un processo circolare attraverso questi elementi:

- Fare un'analisi dello "stato presente" dell'azienda e delle problematiche esistenti.
- Coinvolgere attivamente i *manager* affinché si adoperino in prima persona, formandoli nello sviluppare le abilità

relazionali necessarie, sostenendoli nel mettersi in discussione là dove è presente "l'alibi" del "Non ho il tempo". I manager vanno aiutati a comprendere che processo di delega e processo del *feedback* spesso sono direttamente, e strettamente, correlati e interdipendenti.

- Definire gli strumenti, le abilità e le risorse più adatte da attivare, coinvolgere o sviluppare.

- Coinvolgere attivamente i collaboratori prima informandoli della visione di azienda che si intende sviluppare, poi formandoli affinché possano essi stessi condurre un processo verso una mentalità orientata al *feedback* che alimenti, così, un senso di fiducia.

- Pianificazione temporale dei *feedback,* ovvero pianificare durante tutto l'anno, sessioni di *feedback* per allineare, modificare o sviluppare il piano di azione iniziale sulla base dei risultati ottenuti.

2. Come dare o ricevere un *feedback* che risulti efficace?

Tre sono gli elementi chiave affinché un *feedback* sia dato nel modo opportuno e produca i suoi effetti:

- creare le condizioni;
- regole per dare un *feedback;*
- regole per ricevere un *feedback.*

Creare le condizioni

1. Considerando il feedback come un "dono", un'opportunità per migliorare e per migliorarsi, porgersi all'altro in modo accogliente, disponibile e di apertura.

2. Rispettare la persona, critica i comportamenti ma prenditi cura della persona.

3. Agire sui comportamenti specifici, senza generalizzazioni (come fa quella determinata cosa).

4. Verso sé stessi / verso gli altri (cosa possiamo fare noi per migliorare e cosa possono fare gli altri).

5. Dare il *feedback* privatamente, fornire il *feedback* in un luogo che garantisca privacy e senso di sicurezza, favorendo l'ascolto e il dialogo.

Regole per dare un feedback efficace

Le tre fasi del *feedback* efficace:

1. Preparazione del *feedback*

Prima di parlare con la persona per darle il *feedback,* in qualità di *manager, team leader,* responsabile ecc., è opportuno che mi ponga le seguenti domande e ricerchi le relative risposte, qualora non direttamente in mio possesso:

- Sono state fornite le informazioni necessarie per il perseguimento dell'attività, progetto o obiettivo richiesto?
- È stata erogata la formazione di cui necessitava per il perseguimento dell'attività, progetto o obiettivo?
- La persona è stata affiancata per essere supportata nel consolidamento delle competenze/capacità che le si è chiesto di maturare?

2. Il "durante" del *feedback*

Durante la fase di colloquio, in quanto persona che fornisce un *feedback,* dovrò fare in modo di mantenere uno stato emotivo di calma e centratura e, allo stesso tempo, calibrare e comprendere in che stato è la persona che riceve il *feedback*. Questo, per assicurarmi che essa sia in una condizione di apertura che gli permetta di sentirsi partecipe di tutto il processo di *feedback,* e non di mero ascoltatore passivo.

Il *feedback* deve essere basato su fatti, evidenze, comportamenti riscontrabili e non pettegolezzi, cose conosciute per sentito dire o giudizi personali di colleghi o altre persone.

Ci sono diversi protocolli per dare un *feedback* efficace, quello che abbiamo scelto di proporvi in questo libro è il modello appreso durante la nostra esperienza di formazione come *Trainer in PNL* da Frank Pucelik (uno dei tre fondatori della Programmazione Neuro Linguistica, insieme a Jhon Grinder e Richard Bandler. Molto meno conosciuto dai più, Pucelik ha un approccio unico alla PNL e che durante i nostri percorsi i discenti hanno modo di sperimentare e integrare a quelli degli altri due fondatori).

Punti salienti del modello di Pucelik:

- il *feedback* si dà privatamente: elogia in pubblico e critica in privato. Nessun *feedback* negativo va dato davanti a un pubblico se non volete che la persona che lo riceve si senta umiliata.

- Il *feedback* si dà in uno stato di tranquillità e calma.
- Il *feedback* si dà velocemente, qualora riguardi aspetti pratici o compiti da svolgere e da migliorare (non sul ruolo).
- Il *feedback* deve essere specifico e riferirsi a determinati comportamenti.

3. Chiusura del *feedback*

Un *feedback* senza un piano di azione è solo una piacevole chiacchierata. Pertanto, assicuriamoci di lasciarci con raccomandazioni appropriate e con un piano di azione specifico che avremmo avuto cura di co-progettare con la persona.

Un piano di azione fatto di piccoli passi verificabili, di date concordate entro le quali devono verificarsi dei risultati, o devono concludersi delle attività, sia di chi riceve il *feedback* sia di chi lo dà, a supporto dello stesso. Fondamentale sarà stabilire la data del successivo *feedback* per verificare lo stato di avanzamento e miglioramento del lavoro.

Regole per ricevere un feedback efficace

Troppo spesso nel nostro lavoro di *Coach* e *Trainer,* abbiamo modo di osservare che gran parte dei conflitti, dei dissapori, delle inadempienze o delle lettere di richiamo potevano essere evitate o ridimensionate con un buon *feedback.*

Questo è dovuto al fatto che, spesso, subentra nella persona la mancanza di consapevolezza, la difficoltà nel chiedere aiuto o l'idea, maturata internamente, che "l'altro" nei suoi diversi ruoli abbia qualcosa di personale nei propri confronti. Questo ha portato a comportamenti non funzionali nel modo di svolgere il suo ruolo.

Il tempo del *feedback* è un tempo di valore perché, come dicevamo, esso è un dono prezioso che dovremmo ricevere e accogliere con gratitudine. È un tempo per comprendere quali sono o come migliorare le nostre skill e costruire una rete, un *team* di supporto per favorire il miglioramento continuo.

1. "Fai del *feedback* la colazione dei campioni, si cresce con pane e *feedback*".
2. Approcciati al chiedere o ricevere un *feedback* in uno stato

di apertura, comprensione e ascolto al fine di rendere questo incontro una reale opportunità di crescita e miglioramento.

3. Fai domande se non hai capito bene. Chiedi chiarimenti e specifiche.

4. Chiedi esempi concreti che ti aiutino a comprendere bene, e ad avere ben chiaro anche a te le evidenze di quello di cui si sta parlando.

5. Ascolta il *feedback* fino in fondo, senza commentare subito e senza spiegare o giustificarti.

6. Rifletti sul *feedback* che hai ricevuto, a volte esso ha un costo emotivo poiché è difficile mettersi in discussione, ma senza *feedback* non avremo la possibilità di migliorarci da soli.

7. Chiedi aiuto e supporto proprio alla persona che ti sta dando il *feedback* per migliorare.

8. Ringrazia per i suggerimenti ricevuti.

Con quale frequenza dare dei feedback?

Nel dare *feedback* troppo frequenti potremmo correre il rischio che il soggetto non abbia il tempo di metabolizzarlo e farlo proprio oppure, potrebbe appoggiarsi troppo su di voi "delegandovi" la sua parte di responsabilità nella valutazione del proprio operato.

Se diamo un *feedback* troppo lontano nel tempo o magari una volta all'anno, potremmo correre il rischio di parlare di fatti, eventi e azioni lontane, dimenticate rendendo difficile per la persona che lo riceve trovare il collegamento con il suo comportamento ormai trasformato in un vago ricordo.

Dalla nostra esperienza possiamo dire che una buona soluzione in tal senso è differenziare: ogni nostro soggetto è unico come persona, come esperienza lavorativa, anzianità di ruolo o per attività o progetti che svolge.

Pertanto, il nostro invito è creare un piano che grazie al processo del *feedback,* continuo e costante, si modelli alle effettive esigenze dell'organizzazione, del *team* e delle attività che vengono svolte mantenendo comunque una visione aziendale di insieme. Di seguito riportiamo un piano di frequenza del *feedback* che potrete scegliere di adattare rispetto alle vostre esigenze.

Tuttavia, ci sentiamo di rinnovarvi l'invito a evitare i *feedback* sporadici, una volta all'anno, che potrebbero rivelarsi solo uno spreco di tempo, imprecisi e, soprattutto, anziché migliorare le performance e il clima aziendale potrebbero peggiorarlo.

Time Line del Feedback

La frequenza che riportiamo di seguito, riguarda un *feedback* strutturato in considerazione di come la persona ricopre il proprio ruolo, sulle aspettative a esso connesse e sui risultati attesi. Ogni mese rivolto a:

- Profili Junior o alla prima esperienza, per i primi tre mesi, in modo da sostenerli nel loro processo di inserimento fatto di apprendimento dei processi, dei protocolli, e di allineamento alla comprensione della *vision*, dei valori e della cultura aziendale.
- Persone o ruoli che presentano della criticità di rendimento, performance, complessità di ruolo.

Ogni 3 mesi rivolto a:

Persone desiderose di crescita, molto produttive e che vogliono contribuire maggiormente, o che magari hanno ricevuto un nuovo incarico o ruolo, per cui hanno bisogno di maturare una visione di ruolo e competenze specifiche.

Ogni 6 mesi rivolto a:

Persone che hanno maturato una buona competenza e autonomia nel ruolo che ricoprono, stabili nel loro rendimento, fidelizzati e allineati allo stile e alla politica aziendale.

1.   Quali domande potrebbero essermi utili durante un colloquio di *feedback?*

La serie di domande che riportiamo di seguito può aiutarvi ad acquisire consapevolezza dei diversi aspetti che la persona affronta nel ricoprire il suo ruolo e di quanto la sua concezione, sia in linea con quella aziendale, per arricchirvi di ulteriori informazioni che domande troppo specifiche potrebbero non fornirvi.

Definite liberamente quali e quante delle domande proposte possono facilitarvi nella costruzione e nella completezza del *feedback* da dare.

2.   Domande che da porci prima del colloquio:

- Cosa mi aspetto dalla persona che ricopre quel ruolo, in termini di obiettivi, risultati e comportamenti?

- Quali sono le evidenze, i fatti e i comportamenti sui quali dare un *feedback* significativo?

- Qual è lo stile comunicativo prevalente del mio interlocutore (rosso, giallo, verde, blu), in modo da rendere il *feedback* più efficace?

- Che strategia, o comportamento ha adottato che ha funzionato, che è stato efficace per il suo ruolo o compito?

- Che strategia, o comportamento ha adottato che non ha funzionato o che bisogna migliorare per il suo ruolo o compito?

3.   Domande da rivolgere alla persona durante il colloquio:

Domande sulle tre dimensioni del ruolo che si ricopre, per comprendere se la sua idea di ruolo, con compiti e mansioni, sia allineata a quella aziendale, con l'intenzione di fare le opportune integrazioni durante il *feedback*.

- Cosa vuol dire per te ricoprire il ruolo di…(citare il

ruolo/compito)?

- Cosa si aspetta da te, o che tu faccia, l'organizzazione/l'azienda per la quale lavori?

- Cosa si aspettano da te o che tu faccia gli altri (colleghi, membri del *team* che gestisce, ecc.)?

4. Domande di auto *feedback* da rivolgere alla persona prima di fornire il nostro, al fine di comprendere il suo grado di consapevolezza e rendere il nostro *feedback* più ampio, completo e attinente:

- Che tipo di *feedback* daresti a te stesso, rispetto al ruolo/compito svolto?

- Nel ruolo che ricopri secondo te qual è l'attività o il comportamento che funziona e su cosa, invece, dovresti migliorare?

- Su cosa vuoi essere aiutato?

- Quali potrebbero essere gli strumenti, le abilità o le risorse utili per il miglioramento del tuo ruolo o compito?

- Quale *feedback* daresti a me (in quanto *manager,* responsabile, ecc.)?

- Cosa faccio/facciamo che secondo te funziona ed è efficace, e cosa secondo te non funziona o non è efficace?

- C'è qualche domanda che vorresti farmi, o parlarmi di altro che non abbiamo ancora affrontato?

- Chiedere se è chiaro su cosa rispetto al ruolo che ricopre verrà valutato.

- Chiedere se sono chiari i ruoli e le mansioni.

5.   Come terminare il colloquio di un *feedback?*

Al termine di un *feedback,* al fine di non ridurre questa preziosa opportunità di crescita a una semplice e piacevole conversazione fine a sé stessa, o per mostrare soltanto di essere presente e disponibili all'ascolto (anche questo fattore molto importante, se questa è l'intenzione), è buona norma definire un piano di azione per il miglioramento, il consolidamento o lo sviluppo nella gestione del ruolo o del compito della persona.

È, quindi, opportuno:

- fare un riepilogo sintetico delle aree di forza e di miglioramento riscontrate, in modo da rinforzare la consapevolezza nella persona dei propri punti di forza e fissare un piano di azione su aspetti e comportamenti da migliorare.

- Co-costruire il piano di azione per le aree o le attività di cui è richiesto il miglioramento fatto di piccoli *step*, con attività specifiche, tempi e persone da coinvolgere per farsi supportare. Ti rimandiamo alla chiave n°4 per ulteriori approfondimenti.

- *Follow up:* definire il periodo nel quale andrà svolto il piano di miglioramento e la data di *follow up*, nella quale, in una nuova sessione di *feedback* si andranno a valutare i progressi raggiunti, le eventuali modifiche per migliorare il piano di azione e nella quale si concorderà la data per l'ulteriore, successivo, *feedback*.

- Impegno diretto di chi dà il *feedback:* chiedete e offrite il vostro impegno diretto, dove necessario, per rimuovere resistenze o creare le condizioni ottimali che sono sotto la vostra diretta responsabilità, al fine di far intraprendere il piano di azione orientato al miglioramento della risorsa.

6. Come rendere veloce e sicuro il consolidamento della cultura del *feedback* nelle aziende e nelle organizzazioni?

Un'azienda o un'organizzazione che intende introdurre al suo interno la cultura del processo del *feedback,* può inizialmente riscontrare il timore di commettere degli errori o, magari, di ricevere dei *feedback* poco genuini da parte dei propri collaboratori e dipendenti o perché memori delle modalità, di criticità o esperienze passate o perché sono timorosi nel dare un *feedback* a un proprio superiore.

Muovendo i primi passi nella diffusione e nella promozione della cultura del *feedback,* proponiamo una fase di accompagnamento con sessioni di *feedback* supervisionato nelle quali, in qualità di esperti *coach,* formati e allenati nella gestione dei *feedback,* conduciamo sessioni di *feedback* individuali e di *team* al fine di comprendere insieme lo stato attuale dell'organizzazione e come vengono percepiti i vari profili nei diversi livelli, aiutarli, così, nel creare i primi piani di azione e di allenamento al *feedback,* supervisionando il processo.

Questa modalità rappresenta un acceleratore del processo di *feedback* in quanto, essendo noi *coach* soggetti esterni all'organizzazione, e quindi non coinvolti nelle dinamiche aziendali e del *team,* veniamo percepiti come facilitatori di processo, allontanando paure, pregiudizi e insicurezze di chi, magari in passato ha avuto cattive esperienze nelle organizzazioni o con membri e colleghi privi di questa cultura.

Terza chiave - Produttività

Come rendere più efficaci e produttive la gestione del tuo tempo e delle tue riunioni.

Il tempo, questa grande fonte di ricchezza di inestimabile valore, misurabile, fortemente esauribile, che va sempre in una sola direzione. Spesso siamo abituati a rapportarci con il tempo per uno degli elementi che lo compone, ovvero quello della misurabilità, con pensieri o frasi del tipo: "Quanto tempo occorre?", "Non ho tempo", "Ci vuole troppo tempo", "Non ho tempo da perdere", "Il tempo è danaro", "Chi ha tempo non aspetti tempo" ecc.

Tutti conosciamo il valore del tempo, soprattutto in questa era moderna, in cui spesso esso è un tempo veloce, un tempo da guadagnare, quasi un tempo da godere solo se si passa da un'attività all'altra. Abbiamo maturato una concezione economica del tempo.

Dovremo iniziare a considerare che il tempo è il tempo, e la sua rilevanza non ha a che fare con la sua misurabilità ma con la nostra vita.

Quando parliamo del tempo parliamo della nostra vita, pertanto, dovremmo porci delle domande in relazione al tempo, di questo tipo:

- Come sto utilizzando il mio tempo vita?
- Sto utilizzando il mio tempo per esperienze di valore?
- Il tempo dedicato a questa persona, relazione, argomenti è nutriente?
- È formativo? Aggiunge valore permettendomi di crescere ed evolvere?

Il tempo è vita. Vogliamo dedicare questa parte legata alla chiave della produttività, soffermandoci proprio sul valore del tempo e di quali sono gli elementi da prendere in considerazione e sui quali agire affinché possiamo sentirci più soddisfatti del nostro tempo vita.

I mercati sono sempre più complessi, i tempi di realizzazione e risposta sempre più brevi, l'utilizzo di strumenti per la condivisione, lo scambio di informazioni e il confronto come riunioni, *conference call* e videoconferenze sono aumentate notevolmente.

I nostri clienti quali *manager,* responsabili di azienda, *team leader,* spesso ci riferiscono che trascorrono la maggior parte del loro tempo tra riunioni e *conference call* interne alla loro azienda, con colleghi o membri del loro *staff.*

Principalmente, durante le riunioni di condivisioni e informative, con un velo di imbarazzo misto a frustrazione, ci dicono che continuano a leggere o inviare email, utilizzare chat interne con i propri collaboratori, oppure, in *conference call* dove sanno di non essere visti, collegarsi, salutare e poi ridurre a icona la finestra di connessione continuando a mandare avanti il loro lavoro.

Puoi ben capire che tutto questo riduce notevolmente l'efficacia delle riunioni, portando a programmarne altre con conseguente frustrazione dei partecipanti, e ad avere la percezione che stiano solo perdendo tempo, andando così ad alimentare ulteriormente quel circolo vizioso di comportamenti disfunzionali, che tendono a dilatare sempre più il raggiungimento degli obiettivi e ad aumentare i costi personali e aziendali di ogni riunione.

Il tuo tempo è prezioso e in quanto persona e professionista che dedica parte del suo tempo vita al lavoro, devi fare in modo da ottenere il massimo affinché ogni giorno, sia stato un giorno di valore, e questo richiede di sviluppare capacità di gestione e pianificazione anche, e soprattutto, durante le riunioni.

Perché proprio le riunioni?

Oggi le riunioni rappresentano il nucleo operativo di un'organizzazione efficace, il cuore del business, e ogni riunione che ha uno scopo ben preciso ed è gestita con un protocollo efficace, rappresenta un'opportunità per risolvere criticità, per creare strategie e per allineare il proprio *team* a raggiungere gli obiettivi prefissati.

In qualunque organizzazione le riunioni sono necessarie per mantenere un continuo flusso di informazioni di alta qualità. Allo stesso momento le riunioni richiedono tempo e, come riferito da *manager* e responsabili di azienda, la causa numero uno di perdita di tempo nelle organizzazioni sono proprio le riunioni quando sono mal gestite.

Prima di convocare una qualunque riunione bisognerebbe porsi questa domanda: "In che modo posso far comprendere e riconoscere il valore di questa riunione ad ogni partecipante, affinché vi partecipi attivamente?"

Quali sono le regole generali per riunioni efficaci?

In risposta a questa domanda, nei nostri corsi indichiamo di porre particolare attenzione a queste regole generali da tenere ben presenti prima di pianificare una riunione:

- convocare meno riunioni possibili, solo quelle necessarie;
- durata: il tempo più breve possibile;
- partecipanti: il minor numero di persone possibile (ciascun partecipante è responsabile per i risultati di una riunione);
- domande *focus,* per decidere se convocare una riunione;
- attenzione focalizzata al raggiungimento dello scopo principale della riunione.

Poi, se proprio hai necessità di convocare la riunione fallo, come riporta Andrea Frausin nel suo libro *"Guerrilla Time"*, tenendo in considerazione le cinque domande uccidi riunioni (dette *"kill the meeting"*), che riportiamo di seguito:

1. La riunione è lo strumento più adeguato a soddisfare l'intenzione o le intenzioni che ti sei prefissato?

2. Quali altri strumenti o altre modalità potresti valutare di utilizzare?

3. Hai valutato l'investimento della riunione (valore economico e valore "sociale")?

4. Chi sono i partecipanti che sono direttamente coinvolti, competenti o informati per poter contribuire al raggiungimento del risultato della riunione?

5. Che cosa vuoi ottenere al termine di questa riunione? (Un piano di azione? Una decisione? ecc.)

Ora che, grazie a queste cinque domande filtro, hai più chiari gli obiettivi della tua riunione e le persone opportune che devono parteciparvi, continuiamo ad approfondire gli aspetti che la renderanno più produttiva ed efficace nel tempo opportuno.

Che cosa rende differente una riunione da un'altra?

Ci sono diversi tipi di riunioni e ogni riunione serve a perseguire uno scopo specifico. La struttura che deve avere una riunione informativa è diversa da una di *problem solving* e, ancor di più, da una riunione di *decision making* o di *brainstorming* per far emergere nuove idee e progetti.

Ti sarà capitato di partecipare a riunioni fiume che già hanno un inizio, spesso incerto, a causa dell'arrivo diluito dei partecipanti che, per un motivo o per l'altro, si presentano in ritardo. Riunioni che continuano ininterrottamente, senza fine, perché magari quella riunione, partita con uno scopo specifico e una persona che la conduceva, si è poi trasformata in un Idra, il drago mitologico a più teste.

Una riunione in cui gli scopi iniziali si sono moltiplicati perché per "guadagnare tempo" nell'arco della stessa riunione informativa, si è pensato di fare attività di *problem solving* o di *decision making* per qualche partecipante, magari senza tutte le informazioni complete a disposizione.

Ci si alza un "attimo" per andare a prendere le informazioni e nel frattempo, gli altri partecipanti, magari non coinvolti o non competenti direttamente su quell'argomento, iniziano ad agitarsi e ad autoescludersi dalla riunione, magari portandosi avanti col loro lavoro e facendo nella stessa riunione altre riunioni con il collega vicino.

Se mentre leggevi questo breve periodo hai percepito un senso di confusione, oppressione, smarrimento e frustrazione, ebbene questo è proprio ciò che capita durante riunioni di questo tipo. Affinché una riunione risulti efficace, e veda quindi raggiunto lo scopo per cui è stata indetta, può essere utile favorire l'uso di protocolli atti a costruire dei binari ad alta velocità che portino il treno con tutti i suoi vagoni, rapido e puntuale, a destinazione.

È noto che ogni riunione ha una struttura, degli elementi che la caratterizzano, e anche quando la sua convocazione è sommaria o improvvisata, va da sé che questi elementi sono comunque presenti e necessari affinché essa sia portata a termine (almeno apparentemente). Tali elementi sono: lo scopo, la frequenza e la durata, le persone convocate e i comportamenti che sono richiesti dalle persone coinvolte per rendere proficua la loro partecipazione.

Durante la nostra partecipazione ai *training in management* organizzativo condotti Frank Pucelik, riconosciuto quale *business trainer* a livello internazionale e inserito nella lista dei 100 *top business trainer* americani, osservandolo lavorare e poi, successivamente (durante le nostre formazioni in qualità di *trainer* in aziende e altri contesti), abbiamo tuttavia avuto modo di applicare e constatare quali siano (accanto agli elementi basici di ogni riunione), altri aspetti fondamentali che rappresentano la differenza che fa la differenza nell'organizzare e gestire una riunione ad alta produttività.

Ma andiamo con ordine. Vediamo adesso nel dettaglio quelli che abbiamo definito essere gli elementi base di ogni riunione che, tuttavia, non è scontato che su questi si ponga la dovuta attenzione e vengano utilizzati in modo tale da rendere la piena efficacia e i risultati attesi. Innanzitutto, bisogna avere ben chiaro lo scopo specifico che si desidera raggiungere attraverso la riunione.

Non è detto che lo scopo sia implicito nel "titolo" che ad essa diamo. Esso rappresenta piuttosto l'intenzione per la quale essa si indìce. Come dicevamo poc'anzi la struttura di una riunione informativa è diversa da quella di tipo *problem solving* o *decision making* e per scegliere quale sia la più opportuna è necessario focalizzare, appunto, l'intenzione che c'è dietro.

Dopodiché, in funzione dello scopo specifico, è necessario stabilire quali sono le persone da coinvolgere alla riunione. Una volta individuate, quando convocate, chiarite a ciascuna di esse cosa ci si aspetta, nello specifico, dalla loro partecipazione e chiedete loro di arrivare preparati sull'oggetto dello scopo specifico.

È possibile che tra i partecipanti invitati non tutti siano direttamente coinvolti, informati o competenti per quello scopo specifico. Questi, pertanto rischiano di diventare involontariamente dei "distrattori" o dei "ladri di tempo", oltre a sentirsi magari degli spettatori inadeguati o fuori posto. Pertanto, se avete deciso di invitarli chiarite loro e agli altri membri, con quale intenzione e motivazione sono presenti, in modo da rendere produttiva e motivata la loro presenza.

Sempre nella fase di convocazione della riunione, vanno stabilite preventivamente, la frequenza e la durata della stessa, questo consentirà a tutti i partecipanti di organizzare la propria agenda lavorativa, soprattutto, in funzione delle riunioni che si ripetono con maggiore frequenza. Questo passaggio aiuta i partecipanti a pianificare le altre attività della giornata, a mantenere un certo dinamismo durante la riunione e ad organizzare i propri pensieri e il proprio intervento in un tempo prestabilito, in modo da evitare di essere prolissi o troppo sintetici.

Oltre a questi aspetti risaputi e, apparentemente banali, ma che ora ti sei reso conto di quanto anch'essi necessitino di una specifica attenzione e cura nella loro definizione, dicevamo, quelli che abbiamo sperimentato a seguito della formazione con Pucelik sono elementi innovativi che aumentano esponenzialmente l'efficacia di una riunione. Sono ulteriori aspetti da considerare nella struttura di una riunione e che impattano sull'efficacia della sua conduzione.

Abbiamo appreso e verificato che ogni riunione, in base allo scopo che si intende raggiungere al termine della stessa, deve essere suddivisa in specifiche sezioni tematiche con tempi e modalità ben precise. Questa ulteriore partizione ci assicura il *focus* sui fatti, il coinvolgimento attivo di ogni membro e un risultato finale concreto, misurabile e condiviso. Il risultato è garantito dal fatto che ogni riunione ha una propria sezione chiave che costituisce il *focus* rispetto alle altre sezioni, indispensabile per il raggiungimento dello scopo finale.

Il secondo elemento innovativo riguarda i, per nulla scontati ed ovvi, comportamenti da adottare e da evitare. Nello specifico, va assolutamente perseguita e, a nostro dire pretesa, la puntualità. Essere puntuali vuol dire avere un comportamento rispettoso del tempo vita di tutti i partecipanti e delle persone ad esse connesse.

Fondamentale, è rispettare quella che Frank Pucelik definisce la *"Regola 90/10"* che consiste nel favorire almeno il 90% delle interazioni positive e limitare al 10% la critica professionale. Questo crea un clima positivo di partecipazione, collaborazione e permette di proporsi e intervenire anche a quei partecipanti che potrebbero sentirsi non sicuri nell'esporre le loro idee.

È provato, inoltre, che l'utilizzo di standard (modelli, tabelle, *template* nei quali riportare schematicamente dati, *KPI,* informazioni utili, ecc.) e piani di azione (che definiscono e chiariscono "chi fa cosa"), ottimizza i tempi e rende più fluida la conduzione dell'incontro, aiuta, altresì, a rispettare tempi e consegne.

Non meno importante è la fase di chiusura di una riunione: così come bisogna rispettare e pretendere la puntualità iniziale, allo stesso modo la puntualità deve essere rispettata anche in chiusura rispettando la durata predefinita. Non devono esserci tempi supplementari, neanche di dieci minuti. Questo aiuta i partecipanti ad allenare e riprodurre quei comportamenti funzionali ad alta produttività.

Abbiate sempre presente, ribaditelo periodicamente ai partecipanti, che in una riunione vige la reciproca responsabilità: tutti sono respons-abili dell'efficacia e dei risultati raggiunti durante l'incontro. Evidenza di ciò è il rispettare e far rispettare le buone norme di comportamento innanzi descritte, supportandosi, sostenendosi e disciplinando sé stessi e gli altri, dall'altro fornendo competenza, infondendo energia, creatività e partecipazione attiva.

Così come ci sono questi comportamenti da introdurre e perseguire fino a farli diventare abitudini di eccellenza, bisogna ridurre fino a eliminarli, quei comportamenti che inquinano e rischiano di vanificare l'intera riunione. In primis, l'uso dei telefoni da consentire, dichiarandolo, solo per vere emergenze e la sempre più diffusa prassi di portarsi il pc in riunione poiché in questo modo si partecipa sì alla riunione e allo stesso tempo ci si porta avanti con altri lavori, non oggetto della riunione, invece di interromperli.

In questo caso, consentire l'uso del computer se serve a prendere appunti, accertandosi di disconnettersi da notifiche di email e chat, anche se lavorative. Ricorrente durante le riunioni è la richiesta di autorizzare compiti o il perseguimento di progetti senza che si siano preventivamente concordati i relativi piani di azione.

È bene non avallare tali comportamenti, così anche per le "chiacchiere" negative (e i pettegolezzi), sempre in agguato. Esse tolgono tempo utile anziché permettere di concentrarsi su aspetti salienti. Mai fare critiche in pubblico, davanti a colleghi e superiori poiché esse distruggono la motivazione e la partecipazione, oltre che creare un clima di disagio generale. Non ultima la tendenza a fare promesse e non mantenerle: "Se la tua parola non vale, tu non vali", il rischio è la perdita di credibilità e affidabilità personale.

Per iniziare con il passo giusto, quindi, è necessario individuare quale struttura debba avere la riunione che dobbiamo convocare, e per fare la scelta giusta, la nostra bussola sarà sempre lo scopo che intendiamo perseguire. È proprio in base allo scopo che le riunioni possono dividersi in *Riunioni Primarie* che rappresentano il cuore di un sistema, poiché consentono lo scambio di informazioni riguardanti il business di un'organizzazione e *Riunioni secondarie o di supporto* che semplificano lo scambio di informazioni secondarie e vanno fatte solo se c'è un effettivo bisogno.

Ciascuna di queste due macro-riunioni appena citate, si suddivide a sua volta in ulteriori sotto tipologie di riunioni a tema, la cui struttura e conduzione è fortemente specifica e organizzata in modo da garantire il risultato atteso e il raggiungimento dello scopo. Queste sub riunioni vanno fatte su scopi ben specifici e definiti, quali ad esempio controllare e sviluppare la produttività di collaboratori, organizzare e coordinare le attività di gruppi di lavoro, *team* e dipartimenti, o ancora, risolvere problemi complessi o quando occorre prendere decisioni strategiche e così via.

Chiaramente, ciascuna di queste riunioni avrà un protocollo, una frequenza e una durata specifica, come abbiamo sopra delineato, a seconda appunto dello scopo e dell'intenzione prestabilita. Durante i nostri *training* di *"PNL Business coaching"* alleniamo *manager, team leader* e professionisti alla conduzione e gestione delle differenti tipologie di riunioni. Essi hanno così modo di sperimentare e condurre simulazioni *ad hoc* e di constatare la ricaduta effettiva e l'efficacia che apprendere tali protocolli comporta.

Prima di concludere questo intenso e produttivo paragrafo sul come rendere più efficaci e produttive la gestione del tuo tempo e delle tue riunioni, vogliamo condividere con te un protocollo "salva tempo" per aiutarti a gestire quelle situazioni e dinamiche improvvise, o quei comportamenti inattesi di colleghi, molto ricorrenti, che nei corsi di *time management* spesso vengono etichettati come "ladri di tempo" e che hanno come conseguenza frequenti "rilavorazioni".

Magari, sarà capitato anche a te durante la tua giornata lavorativa di essere interrotto più volte da un collega, un collaboratore o un tuo superiore con la richiesta di: "Vieni, solo un attimo", "Solo un'informazione" o "Solo una domanda" ecc. Hai presente il mais pronto a diventare popcorn? Man mano che la temperatura e la pressione aumentano, il mais cresce di volume, saltando e moltiplicandosi, fino a comprimere il coperchio e ad uscire dalla pentola.

Ebbene, questo è l'effetto di quelle dinamiche che definiamo "ladri di tempo". Esse sono interruzioni del tuo flusso di lavoro, di focalizzazione e concentrazione in quanto, apparentemente ti viene chiesto supporto per quella che sembrerebbe una micro attività di breve durata. Mentre, proprio come accade con il pop corn, quello che poi si verifica realmente è che essa si espande e si moltiplica, prendendo più tempo del previsto, distraendoti dalle tue priorità.

Questa e ed altre tipologie di interruzioni possono essere dovute, talvolta, a colleghi, collaboratori o a membri interni di un'organizzazione o di un'azienda, e comportano l'alto rischio di protrarsi nel tempo fino a diventare delle vere e proprie riunioni, non pianificate, all'interno della tua agenda giornaliera.

Pertanto, l'invito che ti facciamo è di considerare queste interruzioni come se fossero delle riunioni non preventivamente pianificate affinché, quando si verificano, tu possa entrare nel *mindset* opportuno tale da gestirle, appunto, come vere e proprie riunioni seguendo le opportune indicazioni che ti abbiamo sopra descritto.

Scopo di questa riunione, che etichetteremo come riunioni non pianificate, sarà quello di comprendere immediatamente l'intenzione o l'urgenza della richiesta che ti viene fatta, affinché tu possa stabilire le opportune azioni da intraprendere che, molto probabilmente, potrebbero rientrare in queste quattro tipologie di azioni:

- risolvere un problema urgente e semplice, quando esso non può essere rimandato, pertanto, richiede un'azione immediata ma di breve durata;

- rispondere a domande dirette e precise, quando esse non comportano ulteriori particolari approfondimenti o lunghe elaborazioni;

- decidere di stabilire o pianificare una riunione *ad hoc*, quando ci si rende conto che la gestione e la risoluzione non può concludersi in tempi brevi. In questo caso, se la richiesta non ha carattere di urgenza e richiede ulteriori informazioni, elaborazione o il coinvolgimento di ulteriori risorse, è opportuno pianificare una riunione specifica;

- riportare la richiesta ad altri membri dell'organizzazione direttamente responsabili o, per competenza, maggiormente coinvolti.

Il nostro invito è, comunque, quello di ridurre il più possibile questo tipo di riunioni che rappresentano, come detto, i principali ladri di tempo. Ti invitiamo, pertanto, ad applicare il protocollo come se fosse l'antidoto, una strategia, per gestirle in maniera efficace e rapida, evitando così il pericolo di innestare una malsana abitudine quotidiana.

Quarta chiave - Concretezza
Come trasformare i pensieri in azioni di successo

La definizione efficace degli obiettivi aziendali, di *team* o professionali è un aspetto indispensabile per trasformare grandi visioni, idee innovative, propositi di miglioramento in azioni concrete e di successo.

Per questo motivo, con questa quarta chiave, vogliamo darti accesso a un metodo per trasformare i buoni propositi in obiettivi specifici e raggiungibili. Creare piani di azione e monitoraggio efficaci, senza dispersioni di energie, che ti accompagneranno fino al raggiungimento degli obiettivi che ti sei prefissato, o che devi conseguire per lavoro.

Quando impostiamo il navigatore in auto, il primo passo da fare è inserire la destinazione, ovvero dove vogliamo andare (in diversi approcci questo aspetto è detto anche "stato desiderato"), affinché ci sia restituita una vera e propria mappa da seguire, a iniziare dal nostro punto di partenza (il nostro stato presente), così che essa ci permetta di individuare e delineare il miglior percorso da seguire per raggiungere la meta desiderata.

Una mappa che possa aggiornarsi indicando al conducente anche eventuali interruzioni stradali, la presenza di cantieri, come pure le deviazioni obbligatorie e i tempi di raggiungimento della destinazione finale.

La prima cosa da fare è individuare un obiettivo, un risultato che si vuole perseguire, i presupposti necessari per creare *focus* e chiarire direzione e piano di azione. Per il suo conseguimento è necessario attraversare questo processo, dinamico e circolare, suddiviso in tre fasi:

1. Destinazione: Dove voglio andare (stato desiderato)?

Definisci cosa vuoi ottenere, anziché ciò che non vuoi più, in modo accurato, specifico e realistico:

- Quali saranno le evidenze che ti aiuteranno a capire che hai raggiunto la tua meta?

- Quali saranno gli indicatori, i parametri che utilizzerai per monitorare i tuoi progressi?

- Dipende solo da te o dipende da altri fattori?

Definiscine i tempi:

- In quanto tempo vuoi raggiungere il tuo obiettivo?

- Ci sono tappe intermedie?

- Quali e quante sono?

Costruire in modo specifico lo scenario che desideri raggiungere è come diventare il registra di un film e, stando comodamente seduto al cinema, vedere proiettate sul grande schermo le scene che hai scritto nel copione. Avrai identificato l'ambiente, i personaggi, il protagonista, i comportamenti, i dialoghi e le capacità che essi avranno. Avrai anche definito convinzioni e valori in merito al perché lo fanno, cosa li guida e motiva a voler raggiungere i loro obiettivi.

2. L'inizio

Definisci in modo accurato e specifico, la tua situazione attuale:

- cosa sta succedendo adesso?

- Cosa è presente in questo momento?

- Quali sono i fatti? E quali le evidenze?

- Cosa è presente anche in termini di assenza percepita? (La mancanza di una risorsa chiave, il vuoto per una persona che è venuta a mancare, un pensiero fisso di scarsità, una o più convinzione limitanti o emozioni contrastanti, sono esse stesse "mancanze presenti").

Così, se scattassi un'istantanea del momento presente, individua quali sarebbero gli elementi visibili e invisibili di cui potresti renderti conto.

3. Il viaggio

Definisci nel dettaglio e con la massima cura, la *road map* che rappresenta il percorso che ti condurrà a raggiungere la destinazione desiderata, il tuo obiettivo. La struttura di un piano di azione che sia efficace al raggiungimento di un obiettivo è costituita da tanti ulteriori piani di azione più piccoli legati, a loro volta, l'uno all'altro.

Il legame che li connette richiama il cosiddetto *"effetto domino"* nel quale la caduta di tutte le tessere del domino messe in fila è dovuta alla spinta della prima tessera che, cadendo, urta la seconda che a sua volta urta la terza e così via fino all'ultima. Quindi, ciò che tale *effetto domino* evidenzia, è che un piccolo, iniziale, cambiamento (la spinta alla sola prima tessera) è in grado di produrre a sua volta un ulteriore cambiamento (la caduta di tutte le tessere) che impatta su tutto il sistema.

Ma quali sono le caratteristiche da rispettare affinché gli *step* di un piano di azione siano efficaci, per creare l'effetto domino? Il protocollo che descriveremo adesso è uno dei metodi applicati che abbiamo appreso direttamente da Frank Pucelik, uno dei tre co-fondatori della PNL, e che noi in qualità di *Business Trainer,* applichiamo e trasferiamo ai nostri clienti e ai partecipanti ai nostri corsi di *business coaching,* vista la sua efficacia evidenziata dal numero e la qualità dei risultati raggiunti.

Questo protocollo può essere utilizzato sia per un tuo obiettivo specifico, in auto applicazione, sia nel caso di piani di azione da far svolgere a collaboratori e dipendenti per perseguire un obiettivo aziendale o di *team,* o anche a completamento di un processo di *feedback* (vedi chiave n°2) quale piano di azione per il miglioramento continuo. Ogni piano di azione è costituito da diversi *step* che ne definiscono un'importante tappa da segnare, necessaria per poter proseguire il viaggio.

Ciascuno degli *step* che costituiscono la singola tappa di un efficace piano di azione deve rispettare sette criteri di qualità. L'obiettivo del passo (*step*) dovrà essere raggiungibile, a basso rischio e con una scadenza a breve termine. Definisci strumenti, abilità, risorse:

- quali azioni precise, quali specifici comportamenti è necessario che siano compiuti?

- Di quali strumenti c'è bisogno? Quali abilità e capacità dovrai mettere in atto o dovrai sviluppare? Quali risorse (persone o professionisti, altri membri dell'organizzazione) avrai bisogno di attivare e coinvolgere per questo *step*?

Criteri di raggiungimento:

- come farai a sapere di aver completato lo *step?* Definisci quali saranno le evidenze, gli indicatori, i *KPI* che ti aiuteranno a monitorarne l'avanzamento e a identificarne il completamento.

- Di quali risorse (eccetto il denaro) avrai bisogno per completare lo *step*?
- Qual è il tempo necessario per completarlo?
- Di quanto denaro *(budget)* hai bisogno per completare lo *step*?
- Quando avrai bisogno del denaro per completarlo?

Come avrai modo di notare l'elemento soldi *(il budget),* viene considerato solo al punto 6 con un *focus* specifico su quando avrai bisogno di quel denaro al punto 7. Spesso, nella costruzione dei piani di azione, anche nei singoli *step* abbiamo avuto modo di notare che le considerazioni sul *budget* vengono fatte fin dall'inizio e in modo specifico, generando così fin da subito frustrazione o un senso di non fattibilità.

Questo accade perché il *focus* si sposta sul *budget* che si ha, o si dovrebbe avere a disposizione, anziché sulle azioni da intraprendere per creare il miglioramento che desideriamo.

Non solo, poiché oltre al *"quanto"* ci occorre, in termini

economici, è di grande rilevanza sapere anche *"quando"* avremmo bisogno di quella somma, dato che magari:

- non ci occorrerà per intero fin da subito;

- molte delle azioni da intraprendere, probabilmente, sono funzionali o propedeutiche affinché si possa ottenere quel *budget* o parte di esso;

- non tutte le azioni da intraprendere hanno bisogno di denaro per poter essere realizzate.

Pertanto, proprio come *l'effetto domino* nella costruzione del piano di azione, a noi occorre capire le dimensioni di ogni tassello per creare quella serie di eventi correlati che si verificano a breve distanza l'uno dall'altro, al fine di generare quella reazione a catena verso l'obiettivo desiderato.

Riassumendo

I 5 punti chiave da ricordare sulle dita di una mano per realizzare obiettivi concreti e di successo, sono:

1. Definire la destinazione: dove voglio andare (stato

desiderato).

2. L'inizio: definire in modo accurato e specifico il punto di partenza: dove sono (stato attuale).

3. Il viaggio: costruisci la *road map* per passare dallo stato iniziale allo stato desiderato.

4. La "magia degli *step*": ogni *step* deve soddisfare dei precisi criteri, ovvero, le 7 caratteristiche di qualità per la loro efficacia.

5. Festeggiare dopo il completamento di ciascuno *step*. Se lo *step* non è di successo, gestisci il risultato come un *feedback* (chiave n°2), valuta se i criteri di qualità sono stati rispettati, apportando le variazioni necessarie, apprendendo e vai avanti.

Quinta chiave - Appartenenza

Come sviluppare senso di appartenenza e cultura aziendale

Una delle chiavi a cui si deve il successo di qualsiasi azienda o *team* di lavoro è data dalla capacità di creare, sviluppare e alimentare un senso di appartenenza al gruppo. Per Bert Hellinger, padre delle costellazioni familiari e sistemiche, l'appartenenza è uno degli aspetti più importanti del lavoro con le costellazioni. L'appartenenza come diritto naturale.

Ogni membro di un sistema familiare, infatti, ha il diritto assoluto di fare parte del sistema e di avere una legittima collocazione. Ogni membro della famiglia ha una posizione unica, insostituibile e speciale in relazione a tutti gli altri. Questa posizione viene occupata nel momento in cui la persona entra nella vita e le spetta di diritto.

Anche nel caso di sistemi aziendali, l'appartenenza è regolata sostanzialmente dal contratto di lavoro, o comunque dall'ingresso nel sistema stesso. Tuttavia, è importante anche una chiara descrizione della funzione, delle mansioni, delle responsabilità e di un potere discrezionale che sia coerente con la realtà dei fatti. Tutti questi aspetti vanno rispettati. L'appartenenza a un gruppo è un'opportunità per esprimere il nostro potenziale, insieme siamo molto più intelligenti che da soli.

Per Desmond Tutu, premio Nobel per la pace nel 1984, l'appartenenza è parte di uno stile di vita, di una filosofia sudafricana definita *"Ubuntu"* in cui si dice: *"La mia umanità è intrecciata e inestricabilmente legata alla tua"*. L'*Ubuntu* ci insegna a guardare fuori da noi stessi per trovare le risposte. Ci spinge ad aprirci agli altri uomini e donne, da cui possiamo ricevere il confronto, l'appagamento e il senso di appartenenza che aneliamo. Ci spiega che un individuo non è niente senza gli altri essere umani.

Secondo Mark Miller autore di *The Secret of Teams,* un *team* ad alta *performance* è il risultato di tre elementi fondamentali:

- il talento, di cui ogni membro è espressione e che porta come contributo e impegno per la crescita del proprio *team;*
- le capacità, necessarie per svolgere il proprio ruolo;
- la comunità, che è il modo in cui può vivere ed esprimere la sua appartenenza fatta della sua storia personale e di quella degli altri membri, dall'avere a cuore gli altri membri, dal celebrare i successi altrui, sostenere gli altri, dal sentire che il *team* è la sua "famiglia" lavorativa.

Ma come sviluppare e nutrire il senso di appartenenza nei membri di un'organizzazione o di un *team?* Chi ha il compito di ispirare e rendere solido questo senso di condivisione? Per l'imprenditore, per chi ricopre una mansione da *leader,* sviluppare, nutrire e consolidare lo spirito di appartenenza è un compito che gli spetta in modo naturale.

Inoltre, il successo di un gruppo è strettamente legato al comportamento di chi vi appartiene, alla reciproca responsabilità e alla capacità di motivare, di ottenere e di legittimare l'adesione dei propri membri ai valori e alla *mission*. Pertanto, affinché un'azienda abbia successo, è fondamentale che disponga degli strumenti adeguati a sviluppare tale appartenenza. Successo che è anche strettamente legato all'armonia tra persone che la compongono.

Vediamo di seguito i tre principi guida da rispettare che integrano e sono complementari al principio di appartenenza.

1. Rispetto per l'ordine di ingresso nel sistema

Durante una nostra attività di *team coaching* eravamo stati chiamati per aiutare due giovani responsabili di produzione, specializzati nel loro campo e assunti da pochi mesi, nel gestire i loro *team* di linea prodotto, in quanto facevano fatica nell'innovare alcuni processi di produzione e nell'essere riconosciuti dai membri più anziani del *team,* i quali si mostravano resistenti ai cambiamenti.

Dopo alcune sessioni, avevamo notato che i giovani responsabili e i loro *manager* erano molto concentrati nel comunicare e innescare dei cambiamenti nella produzione ma poco attenti sia nel riconoscere quello che era stato fatto fino a quel momento, sia nel valorizzare lavorativamente i collaboratori più anziani che avevano gestito quei processi.

Pertanto, quello che è emerso dalle dinamiche è che la generazione più anziana, non sentendo più riconosciuto il proprio valore e la propria esperienza, faceva resistenza ad accogliere i processi di innovazione.

Quindi, in riferimento a questo principio, durante la crescita di un sistema organizzativo, o nell'inserimento di una nuova risorsa in azienda, oltre alla sua funzione e ruolo, è importante tener conto di adottare un atteggiamento rispettoso, riconoscendo il diritto di precedenza di chi è più anziano all'interno di quel sistema e compensando in qualche modo, anche in forma relazionale o simbolica, lo spazio o il "potere" sottratto, indotto dal cambiamento o allargamento del sistema.

2. Riconoscere l'assunzione di responsabilità e di impegno

Indipendentemente dalla posizione gerarchica all'interno di un *team,* è importante riconoscere sia la dedizione nello svolgimento del proprio lavoro, sia l'impegno profuso per emergenze o attività straordinarie da parte di collaboratori, di gruppi o reparti.

Riconoscere il loro impegno e la loro dedizione al lavoro rafforza e motiva il legame con l'organizzazione, garantendo l'efficienza operativa, riconoscendo loro maggiore influenza ed esempio per gli altri.

3. Empowerment dei membri di un'organizzazione

Il miglioramento continuo e lo sviluppo della potenzialità di un individuo e di un'organizzazione rappresentano la chiave per mantenere vivo e nutrito il legame di appartenenza e per sviluppare *team* affidabili, efficaci e produttivi.

La crescita personale e professionale di ogni membro del *team* e dell'organizzazione tutta, genera fiducia, inclusione e cooperazione, sviluppo di abilità, proattività, flessibilità mentale e adattabilità. Attraverso la valorizzazione delle differenze e le sinergie comuni, aumenta il senso di identità e di reciproca responsabilità, in cui ciascuno sente di essere sostenuto dagli altri e di sostenere gli altri, a sua volta.

Di seguito approfondiremo le *cinque regole* per nutrire il senso di appartenenza all'interno di un'organizzazione o di un *team:*

1. definire la propria organizzazione: i campi di azione e chi ne fa parte o quali sono i criteri per entrarne a far parte. Definirne la propria visione, lo scopo e i valori, comunicandoli e rendendoli ben visibili a tutti affinché possano essere ben chiari, tali da orientare le persone. Questo significa tradurre quelle parole, in comportamenti specifici a essi riconducibili affinché siano di esempio agli altri, in modo da incarnarli a loro volta.

2. Definire in modo accurato ruoli, responsabilità e mansioni: con confini precisi e netti. In alcuni sistemi, infatti, vige un'ambiguità di funzioni, ruoli e questo rappresenta spesso

causa di improduttività organizzativa e confusione, fino a vedere compromesso impegno e lealtà dei collaboratori. Inoltre, frizioni e conflitti sono riconducibili a una regolamentazione poco chiara delle competenze e delle mansioni.

3. Stabilire il set delle regole di base e quindi i comportamenti da adottare all'interno dell'organizzazione o del *team* di lavoro quando:

- si comunica: riunioni, colloqui, *meeting;*
- si svolgono attività di *brain storming;*
- si prendono decisioni;
- ricordarsi della reciproca responsabilità.

Ad esempio, durante una riunione alcune regole di comunicazione potrebbero essere:

- il parlare per alzata di mano;
- che i cellulari vengano silenziati;
- che ogni partecipante debba rispettare un tempo di parola.

Stabilire dei rituali e delle celebrazioni per il gruppo: i riti rappresentano un aspetto molto importante per le organizzazioni. Essi sono un modo per rafforzare la coesione e la solidarietà tra i membri poiché permettono di sciogliere frizioni e conflitti, non appartengono soltanto al mondo delle religioni ma possiamo ritrovarli anche nel mondo del lavoro, della politica e dell'economia. Il rito è un insieme di comportamenti ripetitivi, costituiti da azioni, parole e gesti dotati di un valore simbolico, il cui significato è comprensibile per gli appartenenti a quella organizzazione o comunità.

Richard Sennett nel suo libro *"Insieme"*, parla di rituali come grimaldello per attivare la collaborazione e la cooperazione quali momenti di relazione caratterizzati da tre aspetti: ripetitività, elemento simbolico e messa in scena:

- La *ripetitività* aiuta a costruire un'abitudine secondo regole ben precise.

- L'*aspetto simbolico* aggiunge un elemento che faccia da ancoraggio atto a identificare e riconoscere il momento specifico rendendolo speciale.

- La *messa in scena*, cioè il contesto in cui si svolge il rito, determina il modo in cui le persone interagiscono, creando l'atmosfera formale o informale nella quale ci si confronta.

I rituali hanno la capacità di creare contesti collaborativi virtuosi. È possibile creare un *set* di rituali su come operare, come *team* o come organizzazione, in diverse situazioni.

Di seguito, vi proponiamo alcuni momenti significativi della vita di un'organizzazione per i quali sarebbe opportuno creare dei rituali specifici, al fine di sostenersi reciprocamente, rafforzare legami, ridurre sensazione di ansia e stress, fornire motivazione ed energia.

a) *Riunirsi:* creare un *set* di rituali di apertura di un evento o un *meeting*. Ad esempio, in ambito sportivo, pensate alla *haka*, la famosa danza degli *All Blacks* prima di iniziare una partita, oppure, fare cinque respiri profondi prima di iniziare una riunione, importanti e utili per allinearsi e focalizzarsi, o ancora, scegliere una colonna sonora che introduca a un evento particolare affinché rimanga impressa nelle menti dei partecipanti e, di riflesso, resti impressa anche l'organizzazione o l'evento.

b) *Comunicare:* in un'organizzazione possono verificarsi

svariate situazioni nelle quali può risultare difficile comunicare, sia tra due persone, sia in un gruppo, e ciò a causa di divergenze o conflitti nei quali qualcuno tende a prevaricare sull'altro e, di conseguenza, a ridurre la propria capacità di ascolto. In questi casi può essere opportuno creare un *set* di rituali per definire i comportamenti più efficaci da adottare al fine di aumentare la capacità di comunicare e di farlo con qualità.

Un esempio di rituale per questa finalità potrebbe essere quello di utilizzare un oggetto per regolare il flusso delle parole, dei pensieri e delle emozioni come, ad esempio, un "bastone della parola". Il membro più anziano inizia la discussione e quando ha finito di parlare porge il bastone a chiunque chieda la parola, e così via fin quando tutti coloro che desiderano parlare lo hanno fatto, per poi tornare al facilitatore, o al *leader* della riunione, che ha aperto la discussione.

c) *Energizzare il gruppo:* infondere energia al gruppo, caricare energeticamente il gruppo. Ogni *team,* ogni singola persona di un *team,* ha necessità di variare il proprio ritmo di lavoro e le attività, di interrompere il processo abitudinario, che al lungo andare "accomoda", di una sferzata di energia, di muovere agitare e rigenerare corpo e mente e, facendo ciò, aggiungerà nuova carica e creatività non solo al *team* stesso, che si autoricarica, ma anche alla qualità del lavoro svolto.

A tal proposito, organizzare attività di *team building, indoor o outdoor,* specificamente create per il tuo *team,* contribuirà a tutto questo. Allenare lo spirito di cooperazione, di mutuo sostegno e responsabilità individuale verso gli altri darà rinnovata energia alla tua squadra e la rimetterà in carreggiata rendendola compatta e direzionata. I programmi, le attività e i giochi aziendali di *team building* sono uno strumento straordinario per aggiungere profondità alla squadra, perfezionandone le dinamiche e rafforzando il senso di identità aziendale.

d) *Creare un meta momento:* che cos'è un meta momento? Spesso presi dalla frenesia del fare corriamo il rischio di trasformaci in criceti in corsa dentro una ruota, perdendo però di vista il perché della nostra corsa e il capire se possiamo fare in modo diverso quello che stiamo facendo.

Magari potremmo chiederci come ottenere di più con minor sforzo e, soprattutto, porci alcune domande chiave per la nostra organizzazione o il nostro *team,* come alcune delle seguenti:

- Come sta funzionando questa organizzazione o team?
- Quali sono le sue qualità?
- Quali sono i suoi limiti evidenti?
- Di cosa abbiamo bisogno per progredire?

Pertanto, è opportuno creare un *set* di rituali per celebrare e onorare momenti come questi, magari scegliendo una sede particolarmente suggestiva e diversa dal luogo dove si è soliti riunirsi. Questo per dedicare del tempo, almeno una volta l'anno oppure ogni sei mesi, per "fermarsi" e concedersi del tempo fertile, di forte coesione e allineamento, per riflettere sulla propria organizzazione e sul *team.*

e) *Celebrare i successi:* creare un *set* di rituali per valorizzare i membri del gruppo, riconoscere le azioni fatte e attestarne la forza. Questo si concretizza attraverso la consegna di premi, attestati, riconoscimenti, promozioni e menzioni particolari, oppure, decidere di andare a festeggiare con il proprio gruppo dopo aver raggiunto un obiettivo importante.

f) *La Chiusura di un rapporto:* ogni evento, che sia una riunione, un seminario, un progetto professionale o un rapporto di lavoro ha un suo percorso definito, con un inizio e una conclusione, rappresenta quindi, ed è esso stesso, parte di un ciclo. Quando questo ciclo si compie e giunge a conclusione, a seconda della modalità e dei risultati genera un sapore emotivo specifico che può andare dalla gioia e soddisfazione alla tristezza e al rammarico, anche in relazione a come questa delicata fase viene gestita.

Ebbene, quando è un rapporto professionale a chiudersi è importante che questa chiusura sia accompagnata. Ciò significa che questo processo seppur di chiusura, sia comunque generativo per tutte le parti coinvolte, azienda e "colleghi" inclusi, affinché non vi siano esclusi, ma che essi siano a conoscenza della chiusura di quel ciclo come un qualcosa che, naturalmente, si è compiuto e con i dovuti riconoscimenti. Senza anatemi, senza strascichi o non detti che potrebbero continuare a inquinare e avvelenare il *team* e il clima dell'organizzazione.

Chiudere il ciclo con gratitudine e con il "bene-dire" di ciascuna parte, sapendo che il filo intessuto resterà come connessione e con la possibilità che da quel ciclo possano generarsi altri germogli di altra forma e natura.

Ciascuna delle azioni dette, dei rituali è necessaria per sviluppare appartenenza e armonia così come anche le modalità di congedo rappresentano la benzina che alimenta lo spirito aziendale. Per questo è importante non improvvisare o affidarsi.

Data l'importanza che per noi riveste questo aspetto, soprattutto oggi in contesti altamente sfidanti e competitivi caratterizzati, come affermava Z. Bauman, da relazioni e dinamiche liquide, realizziamo ogni anno il *"PNL Bootcamp team coaching e team working"*, rivolto a *manager, team leader* e professionisti, ovvero ben quattro giornate *full immersion* dedicate a sviluppare e alimentare concretamente le cinque regole appena descritte, per trasferire loro un *set* di abilità affinché possano sentirsi più solidi e sicuri nel mettere insieme le persone, creare *team* performanti, spirito di squadra, nutrire, sviluppare appartenenza all'azienda, all'organizzazione e al *team*.

RIEPILOGO DEL CAPITOLO 3:

- SEGRETO n.1: *armonia* è la prima chiave per avere accesso al mondo degli altri, al loro modo di comunicare, di entrare in contatto con la "realtà", di pensare, sentire, agire e parlare.

- SEGRETO n.2: *sostegno*, passare dalla cultura del sospetto e del giudizio, in cui il collaboratore/dipendente deve essere controllato per assicurarsi che faccia il suo lavoro e giudicato per come lo fa, alla cultura del sostegno e del nutrimento reciproco in cui il dipendente è parte attiva del processo di miglioramento, orgoglioso e fedele di appartenere alla propria azienda.

- SEGRETO n.3: *produttività*, il tuo tempo è prezioso, e in quanto persona e professionista che dedica parte del suo tempo vita al lavoro, devi fare in modo di ottenere il massimo affinché la tua giornata sia stata di valore. Questo richiede di sviluppare capacità di gestione e pianificazione anche durante le riunioni.

- SEGRETO n.4: *concretezza*, l'arte di trasformare pensieri in azioni di successo. La definizione efficace degli obiettivi aziendali, di *team* o professionali è un aspetto indispensabile per trasformare grandi visioni, idee innovative e propositi di miglioramento in azioni concrete e di successo.

- SEGRETO n.5: *appartenenza*, una delle chiavi a cui si deve il successo di qualsiasi azienda o *team* di lavoro è data dalla capacità di creare un senso di appartenenza. L'appartenenza a un gruppo è un'opportunità per esprimere il nostro potenziale: insieme siamo molto più intelligenti che da soli.

Conclusione

"Una singola parola di incoraggiamento può cambiare drasticamente la vita di una persona. Incoraggiare gli altri significa aiutarli a far brillare la loro forza interiore".

D. Ikeda

Nell'introdurti a questo libro, ti abbiamo manifestato quali erano le nostre intenzioni nello scriverlo e quali le nostre volontà in termini di utilità, di praticità nelle diverse situazioni che quotidianamente ti trovi a vivere.

Abbiamo detto che volevamo aiutarti ad aprire delle finestre mentali per fare entrare uno spiraglio di luce e nuova consapevolezza che desse direzione, energia ai tuoi progetti di vita, affinché tu possa diventare più determinato, forte e più fiducioso.

Volevamo che accanto a una semplice, interessante, lettura si attivasse un processo di *empowerment*, di potenziamento, volto ad aumentare il tuo grado di autonomia e autodeterminazione. Ormai, è sempre più chiaro che non basta che ci siano persone "buone" nel mondo. Di quelle ce ne sono e, per fortuna, crediamo siano la stragrande maggioranza.

I tempi che viviamo pongono l'esigenza, e l'evidenza, che ciò che occorre per aggiustare la rotta, talvolta cambiarla radicalmente, è la necessità di persone che sentano la responsabilità individuale di agire, di calibrare il proprio comportamento, di assumersela quella responsabilità e, concretamente, essere modelli di riferimento che con le proprie azioni vadano a "influenzare" in maniera consapevole gli ambienti nei quali operano: dalla famiglia, al lavoro, passando per amicizie e contesti ordinari quotidiani.

Questo libro vuole essere un corso, un manuale, una guida per offrirti strumenti e protocolli utili a nutrire, consolidare e sviluppare i tuoi progetti di vita e professionali verso l'autorealizzazione, la libertà e l'autonomia. Nel fare questo, capirai, è insito il discorso di quella *"respons-abilità"* alla quale siamo chiamati ad attivare quelle abilità nel dare risposte che differenzia la concretezza di pochi, dalla filosofia di molti.

"Ma chi oggi può essere considerato un maestro? Non è chi insegna qualcosa, ma colui che sprona l'allievo a dare il meglio di sé, per rivelare una conoscenza già insita nel suo animo". (P. Coelho)

Persone che capiscano che ogni loro azione influenza e impatta su quelle degli altri, a volte impercettibilmente e in tempi differiti, ma è opportuno e necessario che esse compiano quelle azioni. Consapevoli dell'impegno e, talvolta, del sacrificio che queste comportano.

A ciascuno di noi è rivolta questa chiamata, ma le persone maggiormente coinvolte in questo compito, sono quelle che svolgono un ruolo cruciale nella definizione e nella "forgiatura" delle generazioni future, ovvero coloro che sono i genitori, gli insegnanti e quanti sono alla guida di altre persone e che sovrintendono, ecologicamente e responsabilmente, al loro sviluppo in quanto persone e in quanto professionisti.

Nel primo capitolo hai esplorato e hai individuato le influenze e i condizionamenti che i modelli della tua infanzia, e coloro che hanno avuto un ruolo significativo nella tua vita, hanno esercitato su di te. A riconoscerli e consapevolizzarli.

Innanzitutto i tuoi genitori, o chi ha svolto questo ruolo, poi i tuoi insegnanti: quale di essi ha segnato la tua mente, il tuo carattere e poi, da giovane adulto, quale figura ti ha guidato e accompagnato, con la sua presenza e i suoi dettami, nell'ingresso del mondo degli adulti e del lavoro fino a definirne la direzione.

Una volta in questo mondo, ci siamo soffermati su quanto sia importante riconoscere le tre dimensioni del tuo ruolo professionale e come esso cambi a seconda della visione e delle aspettative che l'azienda, o l'organizzazione, ha verso questo ruolo, alla visione che ne hanno gli "altri", colleghi, superiori, collaboratori e, non ultima, la visione e l'idea che tu stesso hai di come svolgere e interpretare quel ruolo.

Se è vero che non tutti siamo chiamati a rispondere alla vocazione genitoriale, a diventare padri e madri, per scelta o per altri motivi è, probabilmente vero che in qualche forma ci troviamo, nell'arco della nostra vita, a fare da maestri o mentori ad altre persone, a insegnare loro qualcosa. Ad essere loro di esempio, semplicemente, e talvolta inconsapevolmente, con il nostro comportamento.

Nel secondo capitolo hai appreso come le persone si rappresentano il mondo e in che modalità si rapportano con esso. Abbiamo detto che, a prescindere da quale sia il contesto di apprendimento nel quale operi, che tu sia un genitore verso i tuoi figli, o che sia un insegnante che si rivolge ai propri allievi, adesso hai appreso quanto sia importante capire come "funzionano" le persone alle quali ti rivolgi in modo che il tuo approccio e il tuo linguaggio sia comprensibile da loro.

Hai acquisito strumenti di conoscenza straordinari, sia per te stesso, sia da utilizzare con gli altri. Dal riconoscere e riconoscerti un *mindset*, fisso o di crescita, e quindi a seconda di ciò, come agire, all'indispensabile strumento del *feedback,* quale dono da fare a te stesso e agli altri fino alla preziosa e indispensabile abilità da sviluppare nel saper creare *rapport,* atteggiamento grazie al quale ogni relazione si allinea e si riveste di accordo e reciprocità.

Ricorda che ogni volta che sei in relazione o ti rivolgi a qualcuno, questa persona parla un proprio linguaggio fatto di immagini, parole, mappe e rappresentazioni mentali. Linguaggio che tu puoi cogliere, calibrare e parlare attraverso i sistemi rappresentazionali che, abbiamo visto essere anche una delle più efficaci vie di accesso alla modalità di apprendimento individuale delle persone.

Padroneggiare e adeguare il nostro stile comunicativo variando i canali sensoriali utilizzando contestualmente le tre modalità, ci fornisce una potenza comunicativa di straordinaria efficacia. Infine, nel terzo capitolo, hai acquisito tecniche e protocolli utili per forgiare e potenziare il tuo stile di *leadership* in ambito professionale, organizzativo e nella gestione dei *team*.

Hai appreso le cinque chiavi fondamentali utili ad accrescere e a sviluppare in ogni membro del *team,* abilità sociale, intelligenza emotiva e spirito di collaborazione e appartenenza. Alla domanda atavica che tutti ci poniamo: "Leader si nasce o si diventa?"

risposta certa non è ancora stata scritta. Di sicuro la *leadership* è una caratteristica, un'abilità che si allena e si esercita con il comportamento, con le azioni. La *leadership* si potenzia e per essere riconosciuta e validata, deve essere visibile agli altri.

Ebbene, in questo senso, le cinque essenziali chiavi che hai appreso sono tra le più efficaci e avanguardistiche pratiche che, in termini di allenamento della *leadership,* ci siano oggi nel settore della formazione e dell'*empowerment* sia personale, sia professionale.

Praticare armonia, sostegno, produttività, concretezza e appartenenza ti renderà agente del cambiamento alimentando la comunità di coloro che si impegnano a offrire il proprio contributo per coltivare l'umano in ciascuno di noi e, al contempo, praticare questa qualità morale volta a umanizzare contesti e relazioni nelle aziende, nelle organizzazioni e, più in generale, nella vita quotidiana.

Significherà fare ed essere la differenza che fa la differenza per avviare quel processo di cambiamento che la società e il mondo di oggi chiedono, da tanto tempo, a gran voce. Come per un arciere che attraverso la ripetizione di un tiro con l'arco nel quale la pratica risulta identica ma in realtà il lancio è sempre diverso, così mettere in pratica i protocolli e le tecniche che ti abbiamo esposto in questo libro, sarà un continuo e graduale affinamento delle tue eccellenze che ti condurrà a centrare il bersaglio. Non ti resta che fare il primo passo: pratica, pratica, pratica.

In chiusura di questo intenso viaggio di scoperta, ci auguriamo di incontrarti dal vivo per condividere i successi che avrai raggiunto grazie a queste tecniche e protocolli. Nel frattempo, sarà un piacere ricevere da te *feedback* e riflessioni su come li hai applicati e quali risultati stai conseguendo. Fino ad allora, ti auguriamo un'intensa e stimolante vita.

Risorse

Come nutrire ciò che siamo: un'unica comunità

Vogliamo…Cooperare a creare un mondo nel quale la sintonia con altre persone, la condivisione di un senso di umanità, l'ascolto profondo e la percezione di un legame emotivo, contribuiscano a trattare noi stessi e gli altri con Dignità.

Vogliamo…Co-costruire, intenzionalmente, strategie efficaci per accrescere la qualità di vita delle persone, delle comunità, delle organizzazioni e delle imprese che vogliono migliorare le loro relazioni, i loro processi di *business,* di *leadership* e di *team working* attraverso percorsi di *coaching* e formazione.

"Crediamo nella relazione quale chiave per poter contribuire nel fare la significativa differenza nella qualità della propria vita, in quella degli altri e per la vita del pianeta".

Sugli autori

Giovanni e Luigi credits.

Pur avendo, individualmente, approcci personali ben distinti, i *Trainer* Giovanni Amoroso e Luigi Lucci quando sono in *co-training,* fanno emergere una complementarietà dai *risultati straordinari.* Competenze e capacità che si integrano, si completano e si supportano al fine di stimolare e nutrire lo sviluppo di ogni singolo partecipante.

Insieme, sono una sintesi alchemica che non può essere spiegata a parole ma solo vissuta con l'esperienza. Ciò che è possibile percepire è, prima di tutto, un forte senso di scopo nel sostenere il processo di crescita e miglioramento dei partecipanti ai loro *training.* Un forte sentimento di unione tra di loro che si viene a creare anche tra e con i partecipanti. Un'esperienza di crescita su più livelli e dimensioni di ruolo.

Giovanni Amoroso

Giovanni è sempre stato un visionario. Un visionario generoso con l'abilità poi di afferrare e concretizzare le sue visioni e condividerle con gli altri. La sua domanda guida, sin da piccolo era "Come si fa?" A sottolineare l'amore per la ricerca, continua e costante, di come andare oltre, di non rassegnarsi e di crescere e migliorarsi.

Con Giovanni non ci si può nascondere da noi stessi. Egli ci richiama a definire attentamente le nostre priorità, a conservare ciò che è veramente importante e a sbarazzarci di ciò che è solo zavorra. Sostenendoci nell'imparare a lasciar andare le cose, per avanzare verso un'altra fase, una migliore comprensione della vita in generale.

I sistemi di valori e le convinzioni limitanti che ci tengono prigionieri vengono aboliti e con essi la complicità che fino a quel momento avevamo stretto con la nostra non realizzazione. *Executive Coach* e *Business Trainer* specializzato in Programmazione Neuro Linguistica, sviluppa processi di apprendimento e di *coaching* finalizzati a migliorare, sviluppare e potenziare abilità, strumenti e conoscenze di *manager, team leader,* imprenditori, formatori e professionisti, aiutandoli a trasformare i loro pensieri in azioni di successo.

Da *counsellor* professionista, durante la sua consulenza offre uno spazio di ascolto e di riflessione, nel quale esplorare difficoltà relative a processi evolutivi, fasi di transizione e stati di crisi per rinforzare capacità di scelta o di cambiamento.

Si rivolgono a lui clienti individuali, coppie, famiglie, gruppi e organizzazioni e interviene in ambito scolastico, sociale, sanitario e penitenziario. Giovanni è CEO di KRM Italia e fondatore del KRM Center. Ideatore del percorso ad alto impatto *"Empowerment Master Class"*.

Luigi Lucci

Sono la curiosità e l'interesse per la persona ad accompagnare Luigi in tutto ciò che fa, ogni giorno e te ne accorgi guardandolo negli occhi. Ha uno sguardo che va oltre, un atteggiamento accogliente e, al tempo stesso, fermo, solido. Possiede una grande conoscenza tramite la quale pur parlando al tuo intelletto, ti arriva direttamente al cuore.

Il suo stile ti aiuta a comprendere che per conoscere a fondo le cose, non è sufficiente la mente, la via razionale, attiva, ma è necessario intraprendere e sperimentare anche quella emozionale, intuitiva, a volte repressa. E connetterle.

Luigi Lucci è un *Executive & Life Coach, Business Trainer* in PNL e *counsellor* professionista. È *Trainer* del KRM Center. Per anni ha affiancato e integrato all'insegnamento accademico universitario nelle discipline umanistiche, la formazione di sviluppo comportamentale e interculturale.

Luigi aiuta persone, gruppi, *manager* e professionisti a migliorare le relazioni con sé stessi e con gli altri sia personali, sia professionali. I suoi interventi sono focalizzati al potenziamento di capacità quali *leadership,* comunicazione efficace, gestione del *team* e sviluppo delle risorse interne. Luigi interviene sia nei contesti imprenditoriali di *high management,* nei contesti scolastici e dell'apprendimento, sia in ambito sociale e del Terzo settore.

KRM Italia Comunity

Questo libro, dedicato a chiunque voglia avere successo nella vita privata come in quella professionale, vuole essere un contributo utile e ricco di suggerimenti pratici, un invito a fare di meno, a fare in maniera diversa e più produttiva.

Un invito ad abbracciare un approccio, una filosofia di vita, che trovi nella centralità della persona e nella qualità delle sue relazioni un modo nuovo di rendere la propria vita più semplice e produttiva, facendo il minimo e ottenendo il massimo, utilizzando gli strumenti adeguati.

Per questo in KRM Italia, il marchio con cui operiamo e che distribuisce i nostri corsi e servizi, ci siamo presi l'impegno di sostenere chi intende metterlo in pratica nella propria vita, nelle aziende e nelle comunità. Crediamo che se sempre più persone adotteranno i principi esposti in questo libro molti potranno essere i miglioramenti a livello personale, aziendale e sociale.

Siamo fortemente convinti che quando in un sistema azienda e organizzativo ci siano condizioni di equilibrio, equanimità e di una generativa gestione delle relazioni e anche delle criticità, allora quello è un sistema fertile, un sistema che si autoalimenta e produce.

Troppo spesso ci si sente soli, isolati, invisibili all'altro. Ingabbiati in routine e pensieri quotidiani che ci rendono distanti gli uni dagli altri, consumanti dalla corsa incessante verso il profitto continuo e a tutti i costi, a volte a scapito degli altri o della comunità o del pianeta in cui viviamo.

Mai come in questo tempo è necessario riportare l'essere umano al centro, ricostruire comunità e reti sociali che vedono nell'ascolto attivo, nel confronto e nel sostegno reciproco il vero motore di innovazione e costruire giorno dopo giorno, tassello dopo tassello, prima la nostra umanità e poi il nostro scopo di vita e di comunità.

Il nostro impegno è di prodigarci costantemente per promuovere le migliori pratiche e lo sviluppo di opportune competenze, al fine di costruire e strutturare relazioni manageriali e professionali feconde, avendo come riferimento distintivo che tali relazioni poggino su due solide fondamenta: la fiducia e la lealtà tra tutte le parti, interne ed esterne, alle organizzazioni. Mettere a disposizione le nostre conoscenze, la nostra esperienza, il sito, il blog, i nostri corsi e conferenze, affinché chi lo desidera possa far parte di una tale comunità.

Per approfondire gli argomenti affrontai in questo libro, invitiamo a visitare il sito di KRM Italia dedicato al potenziamento delle abilità individuali e organizzative:

www.empowermentmasterclass.com

Registrandosi al sito è possibile scaricare tantissime risorse gratuite, video, manuali, *e-book* e materiali vari sullo sviluppo personale e professionale. Sempre sul sito avete la possibilità di iscrivervi alla newsletter di KRM Italia, e continuare ad essere accompagnati verso il miglioramento continuo e far parte della Community KRM Club.

Conoscerci e connetterci dal vivo alle nostre conferenze, ai corsi o in modalità virtuale sui nostri siti di www.krmitalia.it e www.empowermentmasterclass.com sarà per noi un piacere immenso.

Visitate anche la nostra pagina Facebook di Empowerment Master Class:

https://www.facebook.com/empowermentmasterclass/

e quella del gruppo privato KRM Italia Club:

https://www.facebook.com/groups/krmitaliaclub/

KRM Academy

È sulla solida base data dalla ventennale esperienza dei professionisti che costituiscono il nucleo fondante di KRM Italia, e dall'integrazione dei diversi approcci formativi appresi e praticati in questo lungo periodo, che in KRM Academy abbiamo strutturato e caratterizzato il nostro esclusivo e distintivo metodo formativo.

Un metodo affinato, cesellato da ore e ore di *training* svolte in molteplici contesti organizzativi, aziendali e sociali, per la formazione manageriale e il *team coaching*. È proprio considerando questa unicità, e allo stesso tempo molteplicità di aspetti ed esigenze, che KRM Academy sviluppa e struttura i suoi programmi formativi. I principali argomenti sono affrontati in modalità estremamente pratica e applicativa.

Integrando diverse metodologie di PNL, Neuro semantica, *Coaching, Counseling,* Costellazioni Sistemiche e Organizzative, *Problem Solving* Strategico e *Decision Making,* hanno come finalità l'attivazione di processi di miglioramento e sviluppo sia per aziende e organizzazioni, sia per privati e liberi professionisti.

Supportiamo la compagine aziendale

Aiutiamo e supportiamo la compagine aziendale, dalle piccole imprese fino alle multinazionali, a raggiungere stati di eccellenza e di alta performance e a concretizzare i propri obiettivi superando criticità relazionali e convinzioni limitanti.

I corsi per le aziende trattano tutti quei temi che potenziano il proprio *business* in maniera più consapevole mettendo al centro la relazione, con tutte le sue relative connessioni, come chiave di sviluppo, *la leadership,* la promozione e gestione del cambiamento *(change management),* la presa di decisioni *(decision making),* la risoluzione dei problemi *(problem solving),* la definizione di un obiettivo e il relativo piano di azione per la sua realizzazione, la gestione della delega e del *feedback* e la risoluzione dei conflitti.

Centrale è il *coaching* come leva di *management* per lo sviluppo personale e lo sviluppo manageriale, la formazione formatori, la gestione efficace delle riunioni, il *team working*. Per voi lettori, per chiunque voglia potenziare le proprie capacità nel comprendere se stessi e gli altri, ecco una breve descrizione dei vari corsi disponibili sul definire i propri progetti di vita e professionali, approcciarsi strategicamente alle varie sfide che la vita ci pone lasciando andare timori, resistenze e convinzioni limitati.

Tutti i nostri corsi sono a numero chiuso, questo garantisce che ogni singolo partecipante sia seguito al meglio e abbia *feedback* individuali costanti. Se questo libro rappresenta il primo passo per te di conoscerci e di intraprendere il tuo personale viaggio verso un nuovo modo per poter contribuire ad aggiungere valore nella tua vita e al tuo lavoro, e hai il desidero di approfondire alcuni temi ed entrare a far parte di una comunità che crede nel valore delle relazioni e vede le persone al centro come chiave per il miglioramento e il cambiamento, ora puoi farlo unendoti a noi.

Abbiamo selezionato una serie di corsi intensivi dal vivo online (in live webinar) su temi centrali volti a sostenerti e potenziarti nel raggiungimento del tuo successo personale e professionale. Una formazione di eccellenza a portata di *click*.

Le nostre *virtual classroom* sono dal vivo, e per facilitare il miglior apprendimento possibile, i corsi prevedono docenza *live,* un'interazione continua, esercitazioni individuali e di gruppo, attività da svolgere tra due sessioni formative per consolidare conoscenza e apprendimento degli strumenti condivisi.

I corsi on line di un giorno

Comunicare, Vendere e negoziare con Business 4Color

È il corso dal quale è tratto il paragrafo "Armonia" di questo libro. Durante questo percorso, apprenderai tecniche utili da utilizzare immediatamente, che ti consentiranno di imparare a comprendere i criteri, le regole e gli schemi mentali che le persone utilizzano per orientarsi, decidere e comunicare nella loro vita, nel *business* e nelle relazioni.

Riconoscere la struttura del pensiero, i significati inespressi e le sensazioni che si trovano dietro alle parole delle persone con cui interagisci, in modo da riuscire a comunicare, vendere e negoziare efficacemente rendendo interazioni più produttive e in minor tempo.

Raggiungi i tuoi obiettivi

Il paragrafo "Concretezza" di questo libro, racchiude in sintesi gli elementi salienti emersi da questo corso, per apprendere un metodo volto a trasformare i buoni propositi, che tante volte ti sei vanamente prefissati, in obiettivi specifici e raggiungibili per definire con precisione i tuoi obiettivi valutando tutte le possibilità, per imparare a costruire un piano di azione e monitoraggio efficace che ti accompagnerà fino al raggiungimento dei tuoi obiettivi.

Gestione delle Riunioni e Team Working

Le riunioni sono il *pit stop* delle organizzazioni e allo stesso tempo possono divenire estremamente controproducenti. Occorre, invece, riuscire a organizzare e gestire riunioni aziendali efficaci, ottimizzarne l'investimento di tempo per renderle altamente produttive, apprendere lo stile di conduzione per creare un clima costruttivo e partecipativo tra tutti i partecipanti. Da questo corso abbiamo estrapolato la formula delle riunioni di successo che hai avuto modo di leggere nel paragrafo "Produttività".

I percorsi online di più giorni per la crescita personale e la formazione professionale.
PNL-Comunication Training

S.M.A.R.T Working Edition | Apprendere e allenare le sette caratteristiche della comunicazione efficace.

Durante questo percorso, apprenderai tecniche utili da utilizzare immediatamente che ti consentiranno di comprendere i criteri, le regole e gli schemi mentali che le persone utilizzano per orientarsi, decidere e comunicare nella loro vita e nelle relazioni, a riconoscere la struttura del pensiero, i significati inespressi e le sensazioni che si trovano dietro alle parole delle persone con le quali interagisci, in modo da riuscire a relazionarti efficacemente rendendo le interazioni più produttive e in minor tempo.

PNL-Business Coaching Training

S.M.A.R.T Working Edition | Sviluppare l'efficacia individuale e organizzativa.

Con questo percorso acquisirai nuove abilità per affrontare le sfide del presente e quelle future. Comprenderai come sviluppare piani di azione efficaci per prendere decisioni, risolvere problemi e definire obiettivi realizzabili.

Imparerai a utilizzare gli strumenti essenziali per condurre in modo chiaro e deciso le risorse umane di cui hai la gestione, aiutandole a focalizzarsi verso il raggiungimento dei risultati aziendali. Sotto la guida attenta di un *business trainer* e *coach* certificato metterai in pratica le buone prassi per sviluppare una *"cultura del feedback"* volta al miglioramento continuo e per valorizzare le tue capacità e quelle degli altri, per lavorare efficacemente in *team*.

PNL-Team Coaching & Team Working Training

S.M.A.R.T Working Edition | Ottenere migliori risultati

professionali e ambienti di lavoro eccellenti.

In questo percorso esploreremo e impareremo ad utilizzare un *set* di abilità completamente nuovo e indispensabile per *leader,* imprenditori, tutti coloro che si occupano di creatività e innovazione. Sono le abilità di mettere insieme le persone, creare *team* con spirito di squadra, sviluppare collaborazione, risolvere conflitti e molto di più.

Svilupperai alcune competenze utilizzate nel *team coaching* e nel *team working* al fine di guidare e generare sostegno e fiducia tra i membri di un *team.* Comprenderai come potenziare le attività del tuo *team* per ottimizzare il tuo *business,* e costruire *partnership* cooperative e *leadership* collaborative.

Empowerment Master Class Full Immersion

S.M.A.R.T Working Edition | Apprendere strumenti nuovi e le migliori pratiche internazionali di Leadership, Business Coaching e Management Organizzativo.

Empowerment Master Class è il percorso di sviluppo personale e professionale che aiuta i professionisti ad allenare e potenziare abilità importanti per svolgere con efficacia un ruolo che sia di guida, di insegnamento, di sostegno e accompagnamento come tipicamente richiesto in contesti aziendali e organizzativi, di apprendimento e formazione o in ambito sociale e familiare.

L'intero Master è comprensivo dei percorsi di *"PNL Comunication Training"*, *"PNL Business Coaching"* e *"PNL Team Coaching& Team Working"*, ai quali è possibile iscriversi anche come a singoli *focus training*.

Seminari tematici & percorsi EMC

Per chi vuole cogliere l'opportunità di attivare appieno i suoi sensi, abbiamo progettato corsi tematici e percorsi per rendere queste esperienze di grande utilità, crescita e trasformazione grazie alla continua pratica e alle numerose attività esperienziali coinvolgenti: contatto fisico, confronto formativo, connessione con altri partecipanti, emozioni fanno di questi percorsi i compagni di viaggio ideali per incanalarsi nella direzione della vita personale e professionale che si desidera.

I Seminari esperienziali in presenza
I colori della comunicazione con sé e con gli altri

È il corso esperienziale, in presenza, dal quale è tratto il paragrafo "Armonia" di questo libro. Comprendere come riuscire a creare e guidare un *team* di collaboratori affiatato, coeso e proattivo, capace di raggiungere alti livelli di *business* grazie al riconoscimento dello stile comunicativo di ciascun membro. Riconoscere da subito le attitudini e le caratteristiche delle persone che lavorano con te, per affidare loro compiti in linea con le loro caratteristiche comportamentali. Migliorare il modo in cui ti relazioni con il tuo partner, con i tuoi figli o con i tuoi colleghi, per evitare incomprensioni che ti portano ad avere la costante sensazione di non essere compreso da loro.

Attraverso queste tre giornate *full-immersion* interamente dedicate all'apprendimento delle tecniche e dei protocolli necessari ed efficaci della "Programmazione Neuro-Linguistica integrate al riconoscimento dei quattro stili comunicativi colore" potrai applicare fin da subito e toccare con mano i risultati già dal primo giorno.

Per maggiori informazioni sul percorso puoi utilizzare il seguente link: https://www.empowermentmasterclass.com/pnl-utile/

Raggiungi i tuoi obiettivi

È il corso esperienziale, in presenza, dal quale è tratto il paragrafo "Concretezza" di questo libro. Quattro giornate intense *full-immersion* per rivoluzionare il tuo ruolo, il tuo *business,* il tuo *team* apprendendo le più efficaci pratiche di PNL, *Coaching, Management* applicate al *Problem Solving, Decision Making* e Formulazione dei piani d'azione efficaci.

Un *training* esperienziale ad alto impatto per passare dal pensiero ad azioni di successo. In questo seminario avrai la possibilità di:

- trasformare situazioni critiche in straordinarie opportunità e condizioni sfavorevoli in vantaggi competitivi.
- Prendere decisioni, risolvere problemi e definire obiettivi in modo da realizzare i tuoi progetti senza sabotarti.
- Usare la tua respirazione come leva del cambiamento.
- Usare tecniche di *auto-coaching* per monitorare i tuoi progressi e attuare cambiamenti migliorativi.

- Aiutare i tuoi collaboratori a focalizzarsi sugli obiettivi condivisi.

Per maggiori informazioni sul percorso puoi utilizzare il seguente link: https://www.empowermentmasterclass.com/raggiungi-tuoi-obiettivi/

Gestione delle Riunioni & Management Organizzativo

È il corso esperienziale, in presenza, dal quale è tratto il paragrafo "Produttività" di questo libro. Tre giornate dedicate a comprendere come salvaguardare la risorsa più preziosa che abbiamo, il tempo. Uno dei corsi più richiesti da professionisti e aziende al fine di comprendere come condurre incontri e riunioni aziendali efficaci, sia interne, sia con partner esterni:

- determinare i modi per sviluppare la propria resilienza e quella del tuo *team* per promuovere un'organizzazione emotivamente intelligente.
- Migliorare e rendere efficiente la cultura della tua organizzazione rendendo le riunioni momenti di straordinaria efficacia e produttività.

- Management delle sei tipologie di riunioni chiave: conduzione, gestione, riduzione dei tempi morti e delle inefficienze.
- Gestire il flusso di informazioni in chiave di *management* organizzativo.
- Il Piano di Azione: sviluppare strategie per creare e gestire i cambiamenti nella tua organizzazione, focalizzate al raggiungimento dei risultati prefissati.
- Selezionare un linguaggio di *leadership* appropriato per migliorare la comunicazione interpersonale.

Per maggiori informazioni sul percorso puoi utilizzare il seguente link: https://www.empowermentmasterclass.com/eventi/gestione-delle-riunioni-management-organizzativo/

EMC Experience, Empowerment Master Class - Corso ufficiale di KRM Italia Academy

È un programma di un anno di formazione professionale per il potenziamento delle *soft skill* per il miglioramento personale e professionale, con *workshop* mensili da gennaio a ottobre, un weekend al mese.

Al termine del percorso, dopo il superamento di un esame, viene rilasciata la certificazione professionale attestante le capacità e abilità acquisite nella gestione delle relazioni, quali chiavi di cambiamento per gestire le proprie risorse e quelle degli altri e condurre in modo efficace con empatia, rispetto e competenza i processi comunicativi, motivazionali e di definizione degli obiettivi, avendo appreso tecniche, protocolli e strumenti di *coaching* applicabili in contesti aziendali, organizzativi, di apprendimento e formazione e in ambito sociale e familiare.

Un percorso indispensabile per:

- chi opera in ambito *business* e vuole migliorare la gestione sinergica del proprio *team,* nel trasferimento della propria visione agli altri, nella valorizzazione delle persone con le quali lavora, nel motivare i propri dipendenti, nella comunicazione con gli altri e intende apprendere esclusivi modelli e strumenti di business per potenziare i propri risultati.

- Chi lavora nel settore della formazione a vari livelli o in ambito sociale e intende esprimere al meglio la propria essenza aiutando le persone ad allineare le competenze già acquisite e integrandone di nuove.

- Chi desidera sostenere il proprio naturale desiderio di miglioramento continuo, sviluppando le proprie potenzialità, diventando un esempio di cambiamento evolutivo all'interno della propria famiglia, della propria comunità e territorio, in maniera così dilagante da creare un circolo virtuoso positivo nel sistema intorno a sé.

Il programma di *"EMC Experience"* comprende: PNL *Comunication,* PNL *Business Coaching,* PNL *Bootcamp,* Costellazioni Organizzatine e Sistemiche, *Enneacoaching* e molto altro. Tra gli studenti che si certificheranno con pieno profitto saranno selezionati i nuovi *Trainer* e agenti del cambiamento di KRM Italia.

Per maggiori informazioni sul percorso puoi utilizzare il seguente link: https://www.empowermentmasterclass.com/

I percorsi tematici di EMC per la Comunicazione, il Business e lo Sviluppo dei Team.

PNL - Comunication Training

Un percorso per avvicinarsi a sé stessi e agli altri, caratterizzato da una profonda comprensione e connessione delle dinamiche che influenzano la propria comunicazione, i propri rapporti di vita e professionali. Questo percorso, suddiviso in tre moduli tematici, permette di capirsi e capire gli altri in maniera dinamica e realistica, evidenziando le nostre e altrui caratteristiche, i principali schemi di pensiero e di comportamento.

Ti forniremo metodi e protocolli di efficacia sia per nutrire la tua crescita personale, sia per migliorare enormemente la capacità di comprendere gli altri ed entrare molto più facilmente in relazione con loro: in azienda, a scuola, in famiglia. Un percorso composto da nove giornate, suddivise in tre moduli tematici di tre giornate.

Per maggiori informazioni sul percorso puoi utilizzare il seguente link:

https://www.empowermentmasterclass.com/pnl-communication/

PNL –Business Coaching

Durante questo percorso, avrai modo di apprendere, allenare e sviluppare le più importanti *skill* per affrontare, in modo efficace, il mondo del *business* di oggi.

Attraverso approcci integrati di PNL, *Coaching, Management* e *Leadership* passo dopo passo, ti verranno trasmessi i protocolli più efficaci per:

- prendere decisioni, risolvere i problemi e definire obiettivi realizzabili;
- condurre le risorse di cui hai la gestione in modo chiaro e deciso, focalizzandole al raggiungimento dei risultati aziendali;
- acquisire comprovate tecniche di *business* integrate alla PNL, per condurre incontri e riunioni aziendali efficaci, sia interne, che con partner esterni;
- diffondere la cultura del *feedback* all'interno della tua organizzazione;
- sviluppare l'arte di rendere le cose possibili, con l'aiuto delle altre persone, dei tuoi collaboratori, i tuoi soci, i partner,

trasformando situazioni critiche in opportunità e condizioni vantaggiose.

Un percorso composto da dieci giornate intense e allenanti, suddivise in tre moduli tematici. Per maggiori informazioni sul percorso puoi utilizzare il seguente link:

https://www.empowermentmasterclass.com/pnl-business-coaching/

PNL – Boot Camp Team Coaching & Team working

Quattro giorni di ispirazione, ricche di entusiasmo ed energia per comprendere come facilitare e diventare agente di cambiamento in un gruppo, un team, o tra membri di un'organizzazione. È un percorso completamente esperienziale, giornate *full-immersion* per imparare a rendere performante il tuo *team:*

- esploriamo la configurazione attuale del tuo *team,* la sua struttura, la qualità delle sue prestazioni, *l'asset* dei suoi valori e i suoi obiettivi;

- lavoriamo sui singoli membri affinché sviluppino le proprie eccellenze individuali al fine di allinearle con gli scopi ultimi dell'attività dell'intero *team;*

- ti trasferiamo competenze in *team coaching* e ti guidiamo nel valutare, con i giusti metodi, l'efficacia della squadra e nel sostenerla verso il miglioramento delle proprie prestazioni.

Quattro giorni d'ispirazione per sperimentare come facilitare gruppi e organizzazioni a pensare insieme, apprendere insieme, risolvere i problemi insieme, liberare creatività e talenti, ottenere risultati eccellenti insieme. Un catalizzatore di eccellenze che da individuali diventano condivise, di team affiatati, di squadre auto-governate, di *partnership* cooperative e *leadership* collaborative.

Una formazione che trasferisce un *set* di abilità completamente nuove per *leader,* imprenditori, insegnanti e formatori e tutti coloro che si occupano di creatività e innovazione. Sono le abilità di mettere insieme le persone, creare squadre e spirito di squadra, collaborare, risolvere conflitti e molto di più.

Per maggiori informazioni sul percorso puoi utilizzare il seguente link: https://www.empowermentmasterclass.com/pnl-boot-camp-team-building/#form-info

Charity

I tempi nei quali viviamo ci hanno disabituati alla gratitudine, al dire il nostro "grazie" per il dono del vivere ogni giorno e dei piccoli e grandi gesti d'amore incondizionato. Il significato di "carità" è ormai associato a sentimenti di pietà, di necessità ed è abbinato a situazioni critiche e di emergenza. Perché deve essere solo questo?

Se è vero, come noi crediamo, che il praticare l'amore, la gratitudine genera un coinvolgimento, una condivisione in chi ci è vicino e si propaga come le onde del mare, allora noi vogliamo farlo sempre di più, sino a generare uno tsunami di solidarietà.

Attraverso il nostro lavoro, ogni anno sosteniamo diversi progetti *non profit*. Uno dei progetti che a noi sta molto a cuore è il sostegno al progetto *"DiversAbility"* realizzato in collaborazione con l'Associazione *Create Connections*, un progetto di formazione nato per mettere in risalto le abilità e i talenti di chi è diversamente abile.

L'intento del progetto *"DiversAbility Training"* è quello di preparare i discenti all'avviamento al lavoro o il loro reinserimento, attraverso quattro componenti fondamentali, quali l'esplorazione delle proprie *skills,* la formazione professionale, lo sviluppo personale, l'orientamento.

Molte delle nostre iniziative hanno una ricaduta *"social"* per cause solidali o per ambiti specifici, senza necessariamente accendervi i riflettori sopra. Aderendo e partecipando alle nostre attività, lancerai anche tu quel sasso che alimenta e fa propagare le onde della gratitudine, e a nome di chi ne godrà, ti diciamo, già da ora, grazie.

Per comunicare direttamente con Giovanni Amoroso e Luigi Lucci, per inviare domande e, soprattutto, far loro sapere dei tuoi risultati, invia una e-mail a: giovannieluigi@krmitalia.it

Ti aspettiamo.

Bibliografia

- Lewis B. A., Pucelik F., *Magic of NLP Demistified,* ed. Metamorphous.

- Frausin A., *PNL Nuovo Codice,* ed. Nuova Prhomos.

- Giovannini L., Riva N., *I 4 colori della personalità;* ed. Sperling&Kupfer.

- Goleman D., *Lavorare con intelligenza emotiva,* ed. Rizzoli.

- Grinder J., Pucelik F., *The Origins of Neuro Linguistic Programming;* ed Crown House.

- Bauman Z., *Cose che abbiamo in comune,* ed. Laterza.

- Robbins A., *Come ottenere il meglio da sé e dagli altri,* ed. Bompiani.

- Frausin A., *Guerrilla time. Più tempo nella tua vita, più vita nel tuo tempo,* ed. Franco Angeli.

- Dilts R., *Leadership e visione creativa,* ed. Guerrini.

- Giovannini L., *Tutta un'altra Vita,* ed. Sperling&Kupfer.

- Bandler R., Grinder J., *La struttura della magia,* ed. Astrolabio.

- Erikson T., *Il mondo è pieno di cretini. O sei tu che non riesci a farti capire?* ed. Tre60.